LES SECRETS D'UN PACIFICATEUR

Dépôt légal : décembre 2022
ISBN : 979-8-366-30821-2
Cet ouvrage a été composé en ES Nein, Blender et Vesterbro.
The Trusted Agency | Tous droits réservés. Toute reproduction ou utilisation de
l'ouvrage sous quelque forme et par quelque moyen que ce soit est strictement
interdite sans l'autorisation de l'éditeur et de l'auteur.
© The Trusted Agency, 2022

Malgré nos recherches, nous n'avons pu identifier l'auteur de la photographie reproduite en première de couverture.
Nous invitons le photographe ou ses ayants droit à se manifester auprès de The Trusted Agency.

LES SECRETS D'UN PACIFICATEUR

JEAN-BAPTISTE MARTINEZ

PEACE©, le référentiel de gestion des conflits

ÉDITIONS TTA

Les Mementos

À Fabrice, Éric et nos familles...

SOMMAIRE

8   **PRÉFACES**
16   **INTRODUCTION**

---

30   **CHAPITRE 1**
       Le conflit, une approche protéiforme

35   **A |** P.E.A.C.E.©, cinq mots pour dénouer la crise
40   **B |** Comprendre le conflit

---

48   **CHAPITRE 2**
       Les outils de la prévention

53   **A |** Prévenir le conflit interpersonnel
       dans les domaines professionnels et privés
60   **B |** Prévenir les conflits dans des situations complexes
73   **C |** Anticiper, c'est aussi et surtout gérer ses émotions

---

82   **CHAPITRE 3**
       Le lien au service de la coopération

85   **A |** Développer l'écoute
94   **B |** Un individu en crise va abdiquer face à un autre homme, et non pas pour une institution ou une organisation. Deux histoires humaines.

100	**CHAPITRE 4** Le savoir-être dans le conflit
104	**A |** L'APOG, ou Attitude POsitive de Gestion
109	**B |** La situation monte en intensité, prendre soin de soi pour faire face !
113	**C |** Conduite à tenir face à un individu agressif

116	**CHAPITRE 5** La communication, une stratégie de résolution
120	**A |** Attention à l'interprétation !
131	**B |** Détecter les signaux du stress chez l'interlocuteur

136	**CHAPITRE 6** La récupération émotionnelle en post-crise
141	**A |** Résilience et accompagnement
145	**B |** Ritualiser le bien-être pour accélérer la reconstruction

150	**CONCLUSION**
161	**POSTFACE**
164	**REMERCIEMENTS**
165	**L'AUTEUR**
166	**BIBLIOGRAPHIE**

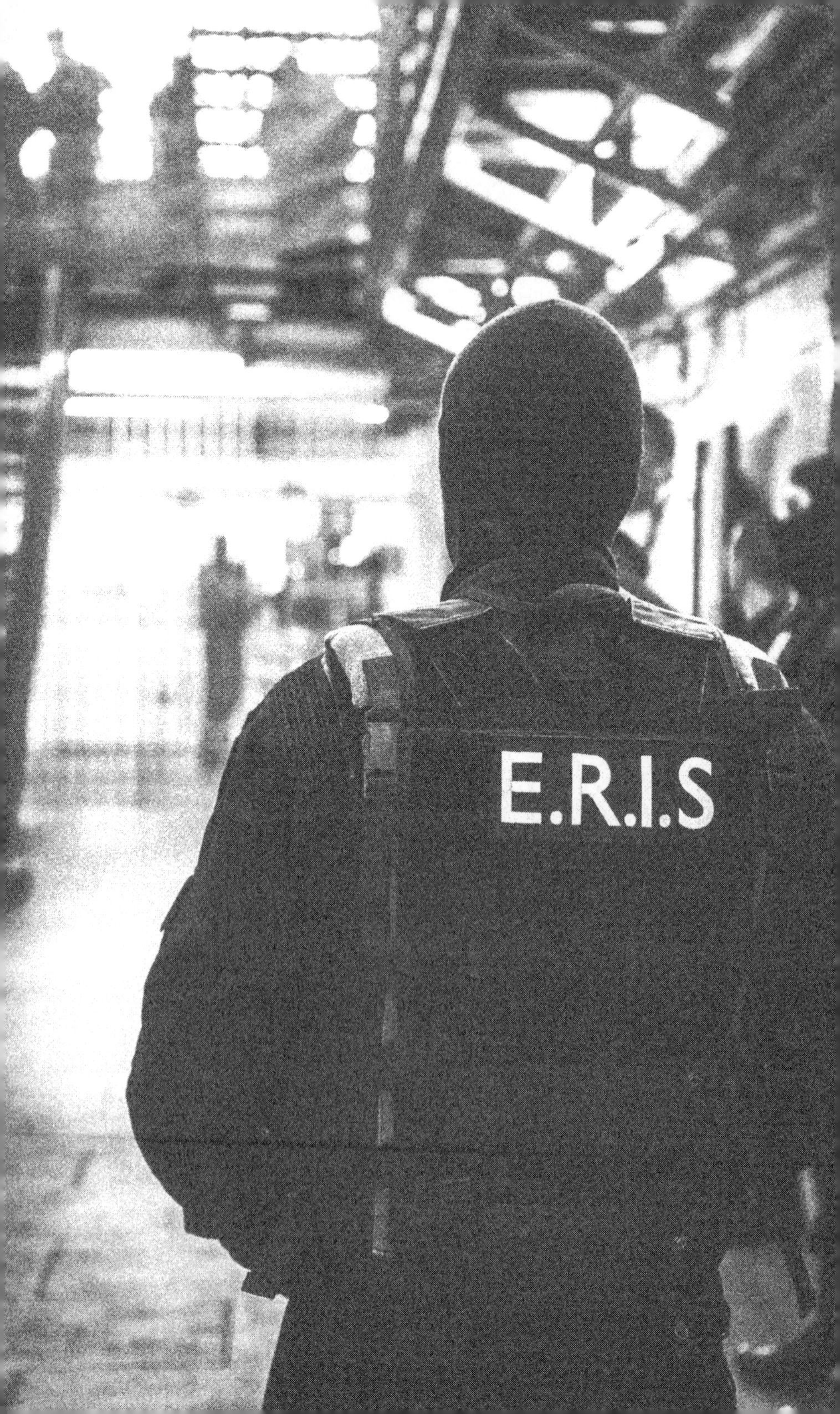
E.R.I.S

PRÉFACES

Un parcours, un auteur, peu banals l'un comme l'autre.
Il a choisi un métier difficile, mais, comme tous ceux de la profession, il ne le sait pas...

Ils sont surveillants des services pénitentiaires.

On leur demande d'être des équilibristes, tiraillés entre humanité et répression, tout ça sur un fil tendu au-dessus d'un abîme de misère humaine.
Il en faut, des qualités !

Et il n'en manque pas, puisqu'en raison d'une solide expérience de terrain, il est retenu pour intégrer les toutes nouvelles équipes régionales d'intervention et de sécurité, composées des meilleurs éléments.
Il est nommé premier surveillant, l'avenir lui paraît serein.
Mais un jour, il tire la mauvaise carte.

C'est le drame.

Blessé dans son corps, mais surtout blessé dans son esprit. On ne se remet jamais vraiment de la mort que l'on a frôlée, surtout lorsqu'elle a emporté, sous vos yeux, deux camarades.

Paradoxalement, ce terrible drame, c'est aussi sa chance.

Cette longue immobilisation forcée, cette solitude qu'il n'a pas choisie, va être pour lui un miroir sans concession, sans artifice, sans compassion.

Il va enfin faire connaissance avec lui-même. Il franchit la porte qui va le rendre libre, libre de choisir son chemin.

Avec courage et ténacité, il part en quête de nouvelles relations, de nouvelles expériences, de connaissances dans des domaines peu communs. Les perspectives sont là, il saisit les opportunités, va jusqu'au bout de ses choix, de ses aspirations, de ses passions, de ses rêves.

Soucieux des autres, il s'inscrit dans le partage, il met au service de tous sa grande expérience dans la gestion des conflits, discipline dans laquelle il est passé maître.

C'est sa manière à lui d'apporter sa pierre à l'édifice avec conviction et humilité, toujours...

Cet ouvrage, très abouti, c'est celui d'un homme en recherche constante du bien, du beau, du solide.

Mais c'est avant tout celui d'un homme de cœur.

Pierre RAFFIN
Directeur des services pénitentiaires

1972 : Munich.
1974 : le GIGN devient opérationnel.

Mais pourquoi ces références ? Tout simplement parce que depuis la création du GIGN, précurseur en matière de lutte antiterroriste, la négociation et la communication ont toujours été la base de toute intervention.
C'est donc tout naturellement que la Gendarmerie nationale a instauré, en 2006, un maillage territorial voué à la négociation de crise.
Tout aussi naturellement, les négociateurs de la région PACA, dont j'étais le référent, se sont ouverts aux institutions partenaires afin de partager les expériences et les savoir-faire.

Moins naturellement (*sic*), nous avons noué des liens forts avec un des représentants des ERIS de Marseille, en la personne d'un prénommé Jean-Baptiste. Depuis cette première rencontre en 2009, nous n'avons cessé de collaborer afin de favoriser la résolution de situations de crise par la parole. Nous apportions et partagions une expertise, il nous offrait la connaissance si particulière du milieu carcéral.
Mais au-delà de cette présentation pratique, il y a le côté humain. Celui qui me tient tout particulièrement à cœur. De ces échanges professionnels est née une amitié. Une véritable amitié qui nous a permis de travailler de concert pour offrir aux primo-intervenants une véritable arme de substitution : la stratégie de communication.
Que dire de nos prises d'otages (mises en situation) d'ici et de là ? Que dire des formations toujours empreintes d'humour et d'empathie ? Que dire des retours extrêmement

positifs des personnels que nous avons eu la chance de côtoyer ? Que dire de l'immense curiosité de JB, qui est sorti de sa zone de confort qu'était l'intervention, pour proposer en prodrome, à son administration, cette révolution intellectuelle qu'est la négociation ?

Une osmose, une complicité qui marque un homme.

JB, je sais le chemin que tu as parcouru pour arriver à ce niveau de compétence. Et pour une fois, ce n'est pas un tour de magie, un tour de passe-passe dont tu as le secret. Bien que la négociation, qu'elle soit de haute ou de faible intensité, engendre un sentiment liant le stress, l'appréhension, la satisfaction et la joie d'avoir aidé à pacifier une histoire humaine compliquée, elle s'apparente parfois à une illusion voulue pour redonner ce coin de ciel bleu lorsque l'horizon est obscur.

Ton savoir-faire est indissociable de ton savoir-être.

Je sais que ton éclairage sur la pacification de situations conflictuelles, par les explications que tu vas donner pour que tout un chacun puisse la mettre en œuvre, va combler les plus incrédules.

Je suis ton premier fan.
Tu es mon ami.

Éric JEANJEAN
Négociateur régional de la Gendarmerie nationale
Référent PACA de 2006 à 2020

Témoigner en quelques lignes de ma rencontre avec JB me plonge dans une tranche d'histoire : celle d'un homme dans toutes ses dimensions professionnelles, personnelles, faites de rigueur de travail, d'humanité et de résilience.

Mais cela me plonge aussi dans une tranche d'histoire des ERIS de Marseille d'abord, puis des ERIS en général, qui garderont dans leurs annales l'empreinte du travail de JB.

Ainsi, très vite, au sein de notre groupe les ERIS 13, il s'est démarqué par son ajustement singulier à sa mission.

Mission consistant, entre autres, à intervenir dans des situations de crise, de tension, qui demandent un engagement total : il faut aller physiquement, mais aussi psychiquement, à la rencontre des détenus qui revendiquent, qui crient leur colère, leur désespoir.

Cette rencontre peut prendre la coloration de l'affrontement, du rapport de force qui peut mener à la violence.

JB n'a pas souhaité tomber dans cet écueil.

Il a eu à cœur de se former dans les techniques d'intervention, mais aussi dans des formations autour de la communication non violente, de la gestion du stress. Ceci l'amènera à se spécialiser dans la négociation.

Cette dynamique qu'il portait en lui, soudain, s'est arrêtée. Ce fut l'accident qui a coûté la vie à deux de nos agents, deux de nos collègues. JB a été blessé physiquement, mais aussi psychologiquement.

Il a dû quitter alors le groupe des ERIS.

Ce fut le temps des deuils, le temps de fermer un chapitre de son histoire professionnelle et peut-être personnelle. Fermer un chapitre ne veut pas dire que l'histoire s'arrête là.

Bien au contraire, JB a pu en ouvrir un autre, non sans lien avec le précédent, mais qui nous invite, et certainement qui l'a invité lui-même, à rencontrer une autre facette de sa personne : étonnante, ouvrant sur des dimensions autres. Cela peut remettre en question certaines de nos certitudes, de nos illusions, et nous inciter à nous reconnecter avec nos rêves, avec une autre façon de regarder la vie.

JB a choisi de témoigner de ses expériences professionnelles en organisant des formations, des groupes de réflexion, de mises en situation dans le cadre de l'administration pénitentiaire, mais pas seulement.

Des croisements de regards, d'expériences ont pu se construire avec d'autres corps de métier comme la gendarmerie.

Il a eu aussi la générosité de laisser une trace au travers de cet ouvrage qui s'adresse à toutes et à tous. Nous pouvons tous un jour ou l'autre être confrontés à des situations de conflits plus ou moins aiguës. Nous pourrons trouver dans cet écrit des pistes de réflexion, des réponses pour pouvoir les appréhender avec recul et, pourquoi pas, avec une certaine sérénité.

Je ne serais pas étonné que ce livre ne soit pas un point final pour JB.

Je lui souhaite, et nous souhaite, qu'il soit un commencement pour de nouvelles propositions, de nouvelles créations de sa part.

Alors, que la magie opère !

Commandant Eric M.
Chef de l'ERIS de Marseille
Direction interrégionale des services pénitentiaires Sud-Est

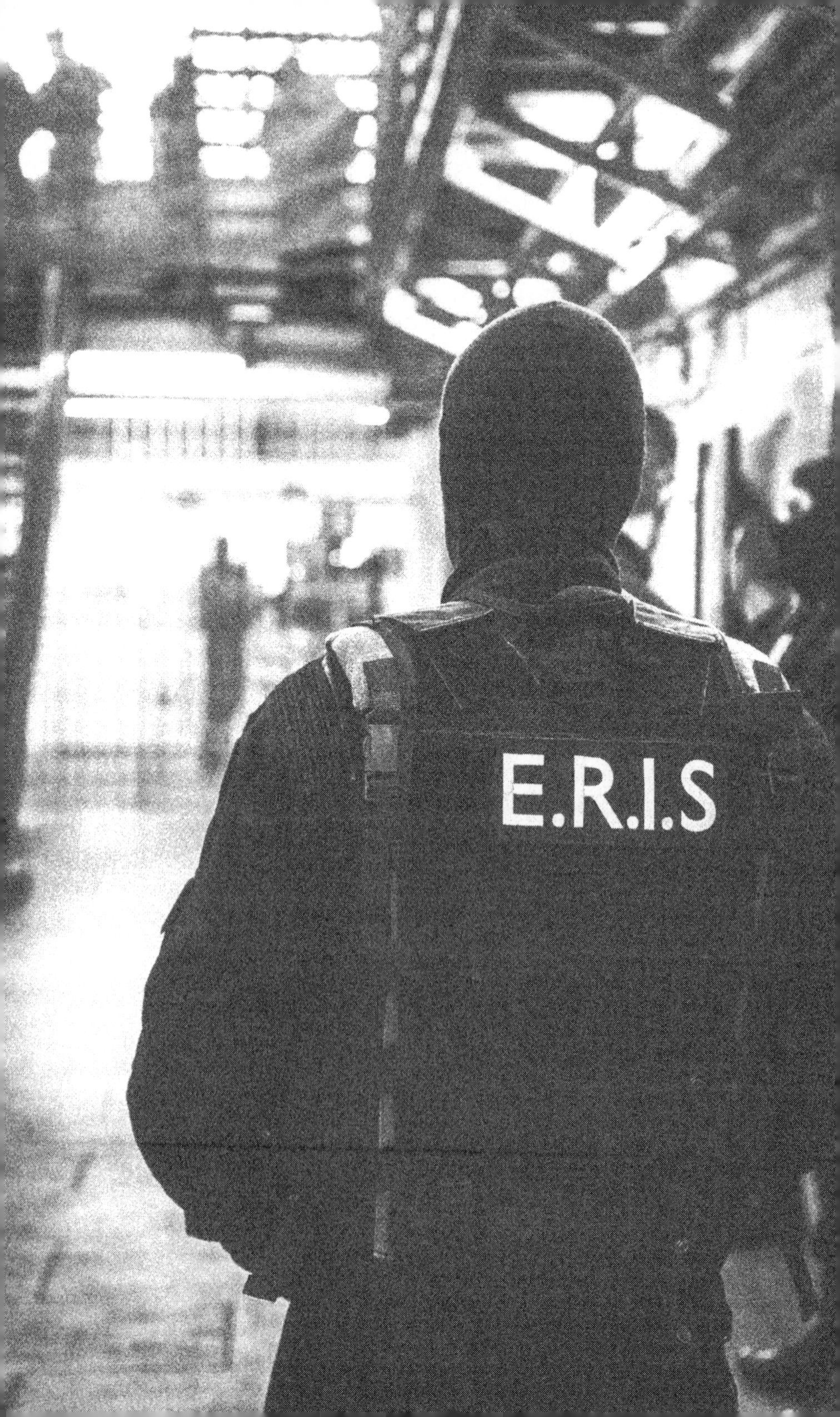
E.R.I.S

INTRODUCTION

Et s'il existait une nouvelle façon d'aborder les conflits ?

« Surveillant, ô surveillant, je vous préviens : le premier qui s'approche, je le plante vous avez compris ! J'ai tout piégé, je n'ai plus rien à perdre ! », hurle l'homme retranché dans sa cellule, dévasté par la colère, par un trop-plein... un trop-plein de quoi ? Je ne sais pas, je ne le connais pas. Il insulte, menace, crie, pleure... L'explosion des vitres me fait sursauter, il s'est coupé et se vide de son sang. Les bruits sourds de ses coups de tête frappés contre les murs résonnent dans toute la détention qui se réveille en sursaut ! Tout l'étage est alors à fleur de peau. Mon sang se glace au fur et à mesure que j'avance dans cette coursive sombre, je ne vois pas très bien, je n'entends pas très bien...

Des insultes fusent de part et d'autre qui couvrent les cris de l'homme en crise... il a peur ! Je le ressens... Je fais le tour rapidement pour calmer les détenus des cellules voisines : « Surveillant, il nous rend fous ! On n'a pas dormi de la nuit, dès qu'il sort, on le crève ! » Écouter... Écouter pour apaiser, écouter pour comprendre... Pour comprendre l'émotion qui se cache derrière chaque porte.

Je demeure seul durant les interminables minutes avant l'arrivée des renforts. Quelques mètres me séparent à présent de la porte de l'individu. Je dépose mon pouce sur l'œilleton pour vérifier la présence de la vitre qui protège l'œil afin d'anticiper, comme ont pu connaître les anciens dans le passé, d'éventuelles attaques au poinçon. Je cale également le pied sur la porte pour éviter que l'homme, de rage, ne la fasse sortir de ses gonds. Je balaye rapidement du regard, l'œilleton est obstrué... impossible de voir ! La cellule peut alors être piégée !

Je tape à la porte, l'homme s'engage dans un monologue précisément flou, il me raconte que le gouvernement lui a placé une puce dans le ventre pour le contrôler. Il en sait trop et ce même gouvernement souhaite l'éliminer. Il s'est donc ouvert l'abdomen pour retirer sa puce et demande à faire une radio pour prouver ses dires. Il veut absolument voir le chef responsable de son mal-être : c'est de la faute du grand aux yeux bleus ! Il veut se battre, nous provoque, nous menace... et hurle à nouveau.

Il faut intervenir pour éviter qu'il se mutile plus encore et l'emmener rapidement auprès de l'infirmier de garde, les pompiers sont alertés. Le chef de poste monte à l'étage, prend le relais, d'autres agents l'accompagnent et se déploient pour calmer la détention. Ça crie, ça se bouscule, ça intimide, ça dissuade, ça rassure notamment sur les retards des parloirs que cette situation pourrait engendrer. Nous nous équipons de nos tenues pare-coups, l'équipe s'entraide en ajustant casques et plastrons, la tension monte... Nous nous donnons les dernières consignes et les éventuels « What if » : que fait-on s'il se passe ça ? Un court silence s'installe. Nous sommes ensemble chacun dans notre bulle, nous nous regardons... et go ! Tout à prouver, motivé, je m'impose... je suis au bouclier, le premier qui prendra la foudre pour protéger l'équipe des coups, des jets d'objets... qui déblaie le passage, qui fait les sommations et renseigne.

Garder absolument son sang-froid, sa concentration, son objectif... Avoir cette vision panoramique afin d'éviter l'effet tunnel pour déjouer les pièges. Le quatrième et dernier agent de cette équipe d'intervention allumera sa puissante torche, nous rentrerons dans le noir. Un lourd silence s'installe, le temps s'arrête... Il sait que nous sommes là, il est chez lui, il s'est préparé, il nous attend...

Il est 7h00 du matin, je viens de prendre mon service et c'est mon premier jour à la célèbre prison des Baumettes à Marseille.

Mon parcours

Gradé pénitentiaire, ancien membre du groupe d'intervention du ministère de la Justice, les ERIS (équipe régionale d'intervention et de sécurité), gestion de mutineries, forcenés, escortes sous haute tension, sécurisation et sauvetage de personnels, j'ai plus de 350 missions sous la cagoule de ce groupe d'intervention. Référent national en négociation de crise pénitentiaire, j'interviens sur de multiples domaines :
— la gestion de prise d'otages ;
— la médiation de crise ERIS ;
— la communication non verbale et d'influence ;
— la gestion du stress et des émotions ;
— Les techniques d'optimisation du potentiel (TOP®).

Précurseur de la négociation de crise dans l'administration pénitentiaire, je me suis spécialisé en 2008 dans ce domaine, suite à la recrudescence de la violence dans nos établissements et afin d'anticiper les diverses situations de haute intensité auxquelles nous sommes confrontés : gestion de forcené (individu retranché), crise suicidaire ou encore primo-intervention lors de prise d'otages.

En amont de ce travail de recherche, j'ai eu l'opportunité de rencontrer Romuald, négociateur régional de la Gendarmerie nationale, au cours d'exercices de gestion de crise sur le site de la Maison Centrale d'Arles.

> Les **Maisons Centrales** accueillent les personnes détenues condamnées à une longue peine et/ou présentant des risques. Le régime de détention de ces prisons est essentiellement axé sur la sécurité.

Enthousiaste, motivé, curieux et plein de questions sur sa spécialisation, je tenais absolument à comprendre et surtout à apprendre. Je me souviens encore de ses propos : « C'est bien, le travail que tu es en train de faire, car un jour ou l'autre, votre administration sera obligée de passer par là. Peut-être que tu ne le verras jamais, mais quoi qu'il en soit, tu auras été l'initiateur et je t'aiderai. »

Croyez-moi, cette phrase a eu un impact fort sur la poursuite de ce projet fou et fait encore écho en moi, aujourd'hui !

Soutenu par Éric mon commandant, j'ai souhaité acquérir rapidement les compétences sur cette thématique complexe mais tellement passionnante.

Pat Wiliams, écrivain américain et fondateur des Magic d'Orlando NBA, écrit dans son autobiographie *Go for the Magic* : « Si vous lisez un livre par mois, vous pourrez entrer dans le club sélect du 1 % de la population mondiale qui fait de même. Si vous lisez chaque semaine un livre portant sur votre domaine d'activité, vous serez une des personnes les plus compétentes de votre génération. Si vous lisez cinq livres sur le même sujet au cours de votre existence, vous deviendrez une autorité en la matière... »

Alors croyez-moi, j'en ai lu des livres !

En effet, toute envie débute avec le feu de l'enthousiasme mais se concrétise avec la sueur du travail. J'ai donc étudié obsessionnellement chaque ouvrage traitant de ce sujet. Je devais devenir un expert, un expert d'une thématique que l'administration ne connaissait pas, enfin... pas encore.

En complément de ces apports théoriques, j'ai également suivi des formations auprès des négociateurs du GIGN et du RAID. J'ai eu la chance de rencontrer des professionnels qui m'ont donné de leur temps et de leur savoir. Ils ont été parmi les premiers à croire en moi, en mon projet, et je tenais ainsi tout particulièrement à les remercier pour leur gentillesse et leur bienveillance.

En parallèle j'ai enrichi et élargi mes connaissances : PNL (Programmation Neuro-Linguistique), analyse

transactionnelle, communication d'influence, microexpressions, psychopathologie, psychologie positive...
Référent de notre cellule COC (Communication Opérationnelle de Crise), j'ai pacifié de nombreuses situations conflictuelles aiguës lors d'interventions en détention.
Et puis mon monde s'est écroulé et je n'ai pas pu arrêter à temps...
C'est à partir du 15 novembre 2010, suite à un dramatique accident de voiture avec les ERIS et victime de stress post-traumatique et de différentes séquelles physiques, que j'ai décidé de prendre du recul et de m'investir définitivement dans la formation des personnels de mon administration.
Plusieurs rencontres décisives ont éclairé ce nouveau choix de parcours. Celle d'Éric Jeanjean d'abord, référent PACA des négociateurs régionaux de la Gendarmerie nationale, devenu par la suite un ami sincère, avec lequel j'ai conçu et animé la première formation de primo-intervention lors d'une prise d'otages dans les établissements pénitentiaires en 2012.
« Que peut-on dire ou ne pas dire, faire ou ne pas faire, en attendant les groupes d'intervention, lorsque nous sommes confrontés à une prise d'otages, sans envenimer la situation ? »
Puis la rencontre de Mike, ancien négociateur de crise au GIGN, en 2013 marquera une nouvelle collaboration. Nous étions tous deux issus de l'intervention, lui de la Gendarmerie nationale et moi de l'administration pénitentiaire.
J'ai beaucoup appris à ses côtés et je le remercie de son soutien sans lequel je n'aurais sans doute pas pu autant progresser dans cette spécialité.
Enfin, 2015 marquera un tournant important pour la négociation de crise au sein de l'administration pénitentiaire. En effet, l'ERIS de Marseille, ayant bénéficié de mes formations tout au long de ces années d'apprentissage, gérera avec professionnalisme, d'une part, une prise d'otage, et, d'autre part, un forcené détenant de l'explosif,

et ce à un mois d'intervalle, dans deux établissements différents de la région.

À la suite de ces deux situations de crise, gérées coup sur coup avec succès, le responsable national ERIS de l'époque me sollicitera pour former les ERIS des neufs Directions interrégionales.

Ainsi, un an plus tard, soit neuf ans après le début de mon initiative, de mon projet personnel, j'habiliterais en collaboration avec Mike les premiers négociateurs de l'administration pénitentiaire : les médiateurs de crise.

Mon expertise est régulièrement sollicitée dans le cadre de groupes de travail sur les violences et j'ai participé à l'ingénierie pédagogique de la formation destinée aux agents affectés dans les UDV (Unité pour détenus violents).

À ce jour et depuis 2010, j'ai formé et accompagné plus d'un millier de personnels et de partenaires dans les secteurs publics et privés.

Formateur en négociation de crise pénitentiaire, instructeur HERMIONE® Négociation sous haute intensité, négociateur conformé NSTAA® Négociation Skills Test And Assessment, certification d'État de préparateur mental pour la performance professionnelle, praticien en techniques d'optimisation du potentiel TOP®, certifié en PNL et psychologie positive, expert en micro-expression, FACS Paul Ekman Group et membre de le l'ONG HERMIONE, Négociateurs du monde.

INTRODUCTION

P	E	A	C	E

PRÉVENTION   ATTITUDE   ÉMOTIONS

ÉCOUTE   COMMUNICATION

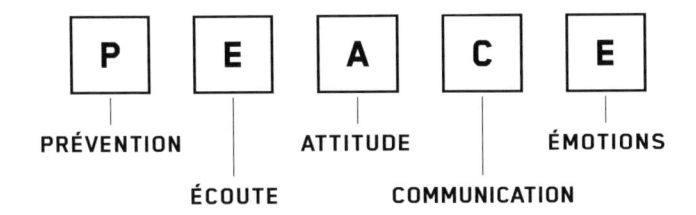

La méthode P.E.A.C.E.©

Toute l'expérience accumulée durant mes années de formation et de pratique m'a amené à développer une nouvelle méthode pour aborder la gestion des conflits. Créée en 2010, elle n'a jamais cessé d'évoluer depuis, fruit de plus de 15 ans d'expérience, de notes, de rencontres et de collaborations dans les domaines de la sécurité et de l'intervention. Je l'ai nommée la méthode P.E.A.C.E.©.

P.E.A.C.E.© est une boîte à outils, simple d'utilisation, en toutes situations et en toute autonomie. Je vous dévoile des techniques opérationnelles utilisées par des négociateurs de crise, indispensables à la pacification des situations de haute intensité et adaptées au monde de l'entreprise.

Elle s'adresse à tous les leaders, dirigeants et managers, ainsi qu'à tous les professionnels appelés à pacifier des situations sous haute intensité : chargés de relation client, agents d'accueil, enseignants, personnels soignant et administratif, opérateurs « phoning »... confrontés à la montée des phénomènes de violence.

J'ai conçu ce livre de façon à ce qu'il soit intuitif et pragmatique. Il peut être consulté dans l'ordre ou le désordre, chaque chapitre pouvant être lu indépendamment ou en complément d'un autre.

Appropriez-vous ce livre, faites le parallèle en fonction de vos expériences et adaptez alors toutes ces techniques selon les situations rencontrées, votre personnalité, le contexte et votre environnement. Aidez-vous en pour expérimenter et étoffer votre expérience !

UNE NOUVELLE FAÇON D'ABORDER LES CONFLITS ?

25

P.E.A.C.E.©, parce que la paix s'apprend...

Thomas d'Ansembourg, ancien avocat, psychothérapeute, spécialiste de la communication non violente et auteur du best-seller *Cessez d'être gentil, soyez vrai*, explique que la paix est un travail de prise de conscience, de courage et d'humilité qui dépasse le développement personnel : c'est un acte citoyen, car un citoyen pacifié se révèle un citoyen pacifiant.

La paix, en réalité, est un processus intime. La guerre que nous croyons mener à l'extérieur n'est que le miroir de nos conflits psychiques. Faire la paix avec autrui doit, au préalable, débuter par un travail essentiel : celui de l'apaisement intérieur.

Sans cela, ce sont les pulsions archaïques, véritables monstres de violence, qui irrésistiblement prennent le dessus. L'habitude est tenace. Nous souhaitons coûte que coûte obtenir le dernier mot et avons tendance à systématiquement faire du conflit un rapport de force. Dès qu'il y a désaccord, nous sommes alors à fleur de peau, victime de notre ego, des réflexes de survie reptiliens (que nous verrons plus loin), fermement décidé à avoir raison.

Votre ego est votre pire ennemi !

Il y a beaucoup plus d'intelligence dans deux cœurs qui essaient de se comprendre que dans deux intelligences qui essaient d'avoir raison.

Comme le dit si justement David Lefrançois, expert en neurosciences, il ne peut y avoir de paix s'il y a de l'orgueil.

L'orgueil, c'est l'expression des faibles. Dès qu'il n'y a plus d'argument, dès qu'il n'y a plus d'intelligence, l'orgueil entre alors en action.

Si vous voulez changer de vie, alors soyez prêt à arrêter de juger, d'interpréter, d'avoir toujours raison, et vous verrez toutes les dimensions à explorer qui s'offrent à vous !

Je dédie ce livre à tous les personnels de l'administration pénitentiaire qui travaillent au quotidien à la gestion des détentions, souvent dans des conditions dégradées et en surpopulation carcérale.

Loin des clichés véhiculés par les médias, la littérature et le cinéma, nous sommes des hommes et des femmes de parole, des hommes et des femmes d'action, à la fois pompiers, gardes mobiles, infirmiers, psychologues, négociateurs, coachs, managers, éducateurs, grands frères ou grandes sœurs... mais surtout des professionnels de la gestion des conflits... et des experts de la gestion de l'humain.

« La prison est un lieu de parole [...] La parole est notre outil de travail, et nous l'utilisons aussi bien comme une thérapie que comme une arme. Elle est garante de notre équilibre, et donc de la sécurité de tous. »

Olivier Maurel
Le taulier : confessions d'un directeur de prison, 2010

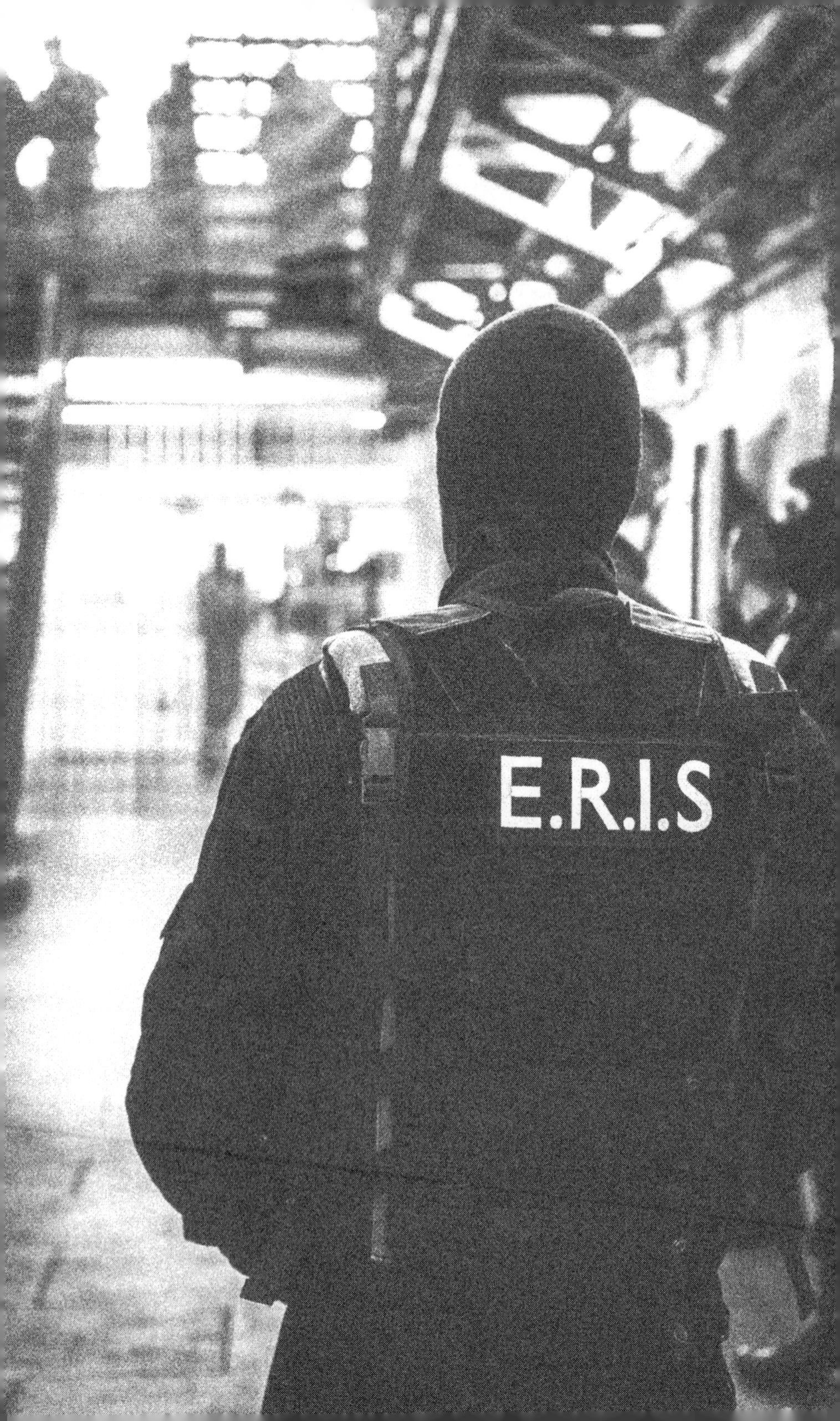
E.R.I.S

LE CONFLIT, UNE APPROCHE PROTÉIFORME

CHAPITRE 1

PRÉAMBULE

CHAPITRE 1
LE CONFLIT, UNE APPROCHE PROTÉIFORME

« La vie, ce n'est pas d'attendre que les orages passent, c'est d'apprendre à danser sous la pluie. » — Sénèque

Il nous guette tous les jours, à toute heure, n'importe où. Il apparaît au domicile familial, en entreprise, dans les transports en commun ou, tout simplement, dans la rue. Le conflit, ce n'est pas la vie, mais il en compose bien des épisodes. Pour espérer en alléger le poids, il faut savoir s'y préparer, l'affronter, et ainsi le désamorcer, éteindre l'incendie qui couve chez l'autre, chez celui qui a fait naître le conflit, qui a perdu le sens de la raison pour basculer dans l'émotion ou la toute-puissance.

Il existe trois manières de gérer un conflit. La première, c'est la violence, qui se traduit par l'affrontement entre des hommes ou même par la guerre entre des peuples. La deuxième, c'est la Loi : interviennent la Justice, les procès, l'autorité des textes. Enfin, la troisième, c'est la communication, le dialogue, la négociation, l'échange, les mots... Ces derniers en particulier ont un pouvoir, une portée, une influence et des conséquences. Ils reflètent nos sentiments, nos croyances, notre degré de confiance en nous, apaisent, calment, soignent.

« Trouver les bons mots pour éviter les pires maux. » La formule est de Robert Paturel, ex-membre du RAID. Car l'essentiel des conflits est le résultat d'un manque de communication. Saviez-vous par exemple que plus de 95 % des prises d'otages à travers le monde se règlent par la négociation ? Les coups et les armes ne règlent pas tout. Il y a heureusement le verbe, la voix, le ton, contre tous ceux qui ne voient le monde que comme un combat permanent. On peut lutter contre la dictature de la violence, de l'agression, en échangeant, en écoutant. Parce qu'échanger, c'est apaiser. Mais comment s'y prendre ? Voilà l'ambition de cet ouvrage ou, plutôt, de ce guide pratique destiné à pacifier les conflits de la vie.

A | P.E.A.C.E.©, CINQ MOTS POUR DÉNOUER LA CRISE

La méthode P.E.A.C.E.© (soit la « paix » dans la langue de Shakespeare), ce sont cinq lettres pour :
— (P)révention, car il est plus facile de prévenir un conflit que de le gérer une fois installé ;
— (E)coute, pour se centrer sur l'individu et s'intéresser à lui au lieu de se focaliser sur le problème à régler !
— (A)ttitude, pour adopter son APOG, une Attitude POsitive de Gestion face à l'agression, afin d'éviter le blocage et/ou l'escalade de la violence ;
— (C)ommunication, pour les grands principes de la communication opérationnelle de crise, afin d'influencer avec intégrité et positivement le changement et la coopération ;
— (E)motions, enfin, parce que la violence laisse des traces. C'est notre capacité à gérer nos émotions post-crise qui va nous permettre de réduire l'impact émotionnel de l'incident et d'accélérer le temps de récupération après avoir subi un stress de haute intensité, et ce afin de revenir sur les lieux de l'altercation sans avoir cette sensation de « boule au ventre ».

La méthode P.E.A.C.E.© s'intéresse à tous les ingrédients qui apparaissent dans le conflit, de la naissance à la désescalade. Un conflit réglé, c'est un conflit où chacun garde son honneur et où l'intégrité physique ainsi que l'ego sont préservés : tout simplement parce que la gestion de nos relations avec les autres détermine notre niveau de bonheur et de confiance en nous.

L'ego, notre pire ennemi

Ego (Réf. ortho. Égo) Nom masculin invariable. 1) Nom donné au moi conçu comme « sujet personnel » [...]
3) Traduction usuelle en anglo-américain du terme freudien *Ich*, qui signifie aussi bien « moi » que « je ».
— Dictionnaire Larousse en ligne

L'escalade du conflit peut être déclenchée par peur de se trouver en situation humiliante ou pour asseoir son positionnement et son autorité. Elle peut être également motivée par l'intérêt, lorsqu'il existe des divergences sur les avantages que chaque partie peut retirer, en raison de points de vue opposés sur une situation, par rivalité ou par compétition et, enfin, à cause de différences idéologiques ou de valeurs...

« On me manque de respect ! Si je n'interviens pas, je serai jugé comme un lâche ! Il me prend pour un imbécile ! Il me défie ! » Sachez que certains individus sont prêts à aller jusqu'au bout pour ne pas perdre la face, quitte à finir en prison ou à perdre la vie. Ne pas perdre la face, voilà ce que le conflit leur permettra d'obtenir. Et ils l'obtiendront par la violence ou l'intimidation.

Denis Lafortune, directeur de l'école de criminologie de l'université de Montréal, m'expliquait un jour que les croyances de l'individu sont la principale cause de la récidive. Et qu'est-ce qu'une croyance ? C'est une conviction, une certitude. Si l'individu est convaincu que, pour être un homme, il faut être violent, alors il agira conformément à cette conviction, persuadé qu'il faut semer la peur pour être respecté.

Prenons un exemple : une voiture plus ou moins puissante que la vôtre vous a doublé au feu rouge et fait une queue-de-poisson... Vous entrez dans une colère noire ! Vous avez l'impression que l'on vient de vous arracher quelque chose. Pire ! On vous a manqué de respect ! Alors s'enclenche un discours interne destructeur et vous accélérez. Vous êtes pare-chocs contre pare-chocs, vous n'avez qu'un désir : montrer votre toute-puissance et réagir de manière disproportionnée par la colère, l'arme ultime de l'ego, mécanisme naturel de défense contre le sentiment de vulnérabilité.

Réfléchissez cinq secondes... De quoi avez-vous « peur » ? Vous avez évité l'accident, l'accrochage... alors passez à autre chose rapidement ! Pourquoi perdre plus de temps à s'énerver, s'insulter, sortir de la voiture... On ne gagne jamais ! Nous avons en nous deux forces, qui ont tendance à s'opposer : l'âme (notre conscience) et l'ego. Notre conscience nous pousse à faire ce qui est juste et bien tandis que notre ego veut toujours avoir raison. Plaisanter aux dépens d'autrui, acheter une voiture tape-à-l'œil ou vivre au-dessus de ses moyens, c'est céder à l'ego. Nous faisons des choix non pas en fonction de ce qui est souhaitable, mais de ce qui nous flatte. De même en entreprise, lorsque nos compétences semblent être remises en cause, nous avons le sentiment de perdre toute autorité. Par protection, nous allons donc entrer dans une mécanique du « conflit » pour reprendre le contrôle sur les autres et sur notre environnement.

C'est pour cela que, au plus profond de votre inconscient, une fragilité ressurgit : vous n'acceptez pas de perdre votre toute-puissance... Malheureusement pour vous, cette dernière n'existe pas. Chaque jour, vous faites l'expérience suivante : le monde vous résiste ! Étonnant, non ? L'ego, alors, s'emballe. Porté par le principe de plaisir, il n'accepte pas le caractère « limitant » de la réalité.

Interrogez-vous systématiquement : est-ce que c'est moi qui parle, qui agit, ou est-ce mon ego ? Ne sous-estimez pas ce simple questionnement qui, par expérience, permet de poser la situation et de ne pas immédiatement entrer dans une logique « action-réaction ».

L'ego est un tyran qui vous soumet à ses caprices. La peur de la perte fait de vous un être rempli de haine... Finalement, vous voilà manquant d'audace, de courage. Pour cacher ce sentiment, vous cherchez à avoir raison. Défendre coûte que coûte vos opinions, valoriser votre masque et votre image s'imposent comme des obsessions. Vous vous sentez vulnérable. Peut-être même brisé. Vous refusez vos fêlures. Mais soyez rassuré, nous sommes tous soumis à cet écueil, puisque « ce que je ressens, l'autre le ressent aussi ». Cette analyse permet d'appréhender les grandes tendances des comportements humains.

Cependant, il ne s'agit pas d'oublier ce que l'estime de soi a de positif : en effet, elle est une force. L'homme humble ne subit jamais les assauts de la colère, n'éprouve pas le besoin de se justifier de ses croyances, de ses valeurs et de ses actes. Il est capable de faire le deuil, c'est-à-dire de ne plus croire aux rêves immatures de toute-puissance. Cette sagesse ne constitue pas un quelconque renoncement, elle permet d'agir au cœur d'un monde qui, par nature, joue contre nous.

Aux antipodes de cet homme, l'individu le plus dangereux pour les autres reste l'arrogant, un individu avec un ego surdimensionné et très peu d'estime de lui-même, qui aura par conséquent plus de chances de diriger sa colère vers les autres.

Les personnes arrogantes éprouvent le besoin d'être au centre de l'attention et ont une tolérance faible face à la frustration. Afin de masquer leur mal-être, conséquence d'un manque d'estime de soi, l'arrogant va rechercher constamment le soutien et l'admiration des autres, et se fâcher s'il n'en reçoit pas. Il n'hésitera pas à offenser ou à insulter quelqu'un, si cela lui permet de bénéficier d'une meilleure image aux yeux des autres.

L'arrogance peut devenir en fin de compte un mode de vie. Voilà pourquoi, quand nous nous retrouvons plongé dans un conflit avec ce type de personnalité, nous devons savoir adopter un profil bas mais ferme et nous efforcer de toujours lui ménager une porte de sortie qui lui permette de ne pas perdre la face en préservant son ego.

Soyez préparé

« L'expérience et la prudence valent mille fois plus que la force et l'impétuosité », d'après l'auteur Jean-Yves Soucy. Et c'est vrai qu'il n'est pas utile de s'aventurer sur un terrain qui n'est pas le nôtre, le plus grand danger venant de ceux qui ne visualisent le monde que comme une guerre permanente et qui nous entraînent dans leur réalité sans que nous y soyons préparé. Pour toutes les raisons citées précédemment, la négociation est composée pour 80 %

de préparation et pour 20 % d'agilité, d'improvisation et d'intuition.

Imaginez-vous au débriefing hebdomadaire avec votre équipe : le ton monte, la tension est palpable et vos collaborateurs souhaitent vous faire acter une décision qui vous semble inopportune, voire dommageable pour votre entreprise.

Ne perdez pas de vue votre unique objectif : « pacifier la situation », l'apaiser et ne pas vous laisser entraîner sur un terrain d'intimidation que vous ne pourriez maîtriser. Acceptez le cas échéant de reporter le débat. Dans la vie, il est des obstacles infranchissables qu'il faut savoir contourner.

Par ailleurs, un conflit, réglé ou non, ne doit pas déboucher sur des lendemains stressants, sur un malaise sournois qui apparaîtra après l'affrontement. C'est pour cela que ce guide pratique préserve l'avenir, offre de la résilience, renforce l'estime et développe la confiance ; il permet tout simplement d'être bien avec soi. L'agressivité peut être maîtrisée : cette méthode existe pour vous aider à y parvenir et vous permettre de cesser de subir les situations que l'on vous impose ou que l'environnement vous impose, mais au contraire d'en devenir acteur.

Elle vous fera prendre conscience que la société est un vaste théâtre où chacun joue un rôle qu'il n'a pas forcément choisi. Un rôle attribué par les aléas de la vie, la force du vécu, de la culture, de l'éducation. Comme le démontraient les études du sociologue Erving Goffman : « Les interactions sociales avec les autres nous poussent à endosser plusieurs rôles dans une pièce de théâtre. Les gens tentent de donner aux autres une impression favorable en choisissant leur masque, leur costume. »

Une vision que l'on retrouve dans la philosophie stoïcienne, selon laquelle nous vivons notre vie à l'image d'une pièce de théâtre dont les individus endossent des rôles, sciemment ou malgré eux, de personnages fantasmés littéraires, cinématographiques ou médiatiques.

B | COMPRENDRE LE CONFLIT

Le conflit comme moyen pour s'imposer

Qu'est-ce que le conflit ? Le conflit est un moyen, et non une fin. Un moyen pour obtenir des avantages, ou du pouvoir. À ce titre, plusieurs exemples : le conflit d'idées, où chacun cherche à imposer son point de vue ; le conflit d'intérêts, dans lequel les avantages que chaque partie souhaite obtenir divergent ; le conflit de personnes (rivalité, réaction d'antipathie, compétition) ; le conflit de valeurs, où le différend porte sur un choix de vie, sur une idéologie... Toutefois, comme nous avons pu le voir précédemment, le conflit permet notamment de restaurer son ego. En effet, 80 % des conflits se déroulent en présence de témoins : nous nous souvenons tous d'une réunion, d'une invitation à un dîner ou d'un séminaire qui tourne mal. Nous sommes alors pris en otage entre deux parties qui non seulement se déchirent, mais nous impliquent en nous demandant notre avis.

Et nous jouons le jeu malgré nous. Tout d'abord parce que chaque individu est sujet à ce que Freud nomme la « pulsion de voir » : nous avons besoin de voir les choses, de belles choses, mais aussi des choses dérangeantes. D'où ce besoin de ralentir devant les accidents de la route au risque de provoquer un second carambolage, ce goût pour les vidéos choc sur Internet ou encore les attroupements devant les bagarres à la sortie des boîtes de nuit, etc.

Or, si nous avons besoin de voir, nous avons également besoin d'être vu, d'être reconnu et de nous montrer. Jusqu'à faire étalage de notre domination, de notre toute-puissance, de notre capacité à faire perdre la face à l'autre. Cet état d'esprit permettra, dans certains cas, de s'intégrer dans un groupe ou d'être accepté de tierces personnes qui ne s'accommodent d'aucune faiblesse chez les uns et les autres. Notre dialogue interne nous oblige alors à devenir ce que nous ne sommes pas pour épater l'autre,

CHAPITRE 1

pour obtenir un semblant d'amour et de reconnaissance. Cela revient à s'enfermer dans le personnage que nous nous sommes créés, ou que l'environnement (parfois même notre entourage) nous a forcé à devenir : théâtral et violent.

Mais si avoir des témoins permet d'obtenir une reconnaissance, c'est aussi une tactique pour rechercher une complicité tacite forcée. Nous connaissons tous l'expression « Qui ne dit mot consent ». Elle s'applique parfaitement dans le cas de l'agresseur qui voit dans le silence de ses témoins une légitimation de son acte.

Pour éviter cet écueil, il faudra faire en sorte de supprimer les spectateurs par défaut, qui peuvent exciter, encourager, influencer le débat, et tâcher de le poursuivre en tête-à-tête, dans un contexte donc apaisé. Une stratégie salutaire dans le cas d'une personne incarcérée en crise, car, même si cette personne est seule dans sa cellule, il y a toujours les éclats de voix des autres détenus, de tous ceux qui entendent et qui peuvent ainsi réagir, voire surréagir.

Mais il existe un contre-exemple qui nous incitera à préférer avoir des témoins : « Lorsque vous faites une remarque à quelqu'un, faites-lui en privé. Mais si vous devez le complimenter, alors faites-le en public ! »

Le conflit comme exutoire à l'agressivité

Le conflit permet également de soulager l'agressivité. Les origines psychologiques de l'agression sont au nombre de quatre.

1 | LA FRUSTRATION
C'est une attente déçue ou un besoin non satisfait. Le Larousse définit la frustration comme un état d'insatisfaction provoqué par le sentiment de n'avoir pu assouvir un désir. La capacité de gérer la ou les frustrations cumulées va se manifester sous forme d'agressivité, un

41

peu comme un vase que nous remplissons au fur et à mesure, jusqu'à ce que la « goutte d'eau » finisse par le faire déborder. L'émotion associée à ce processus est la colère. Nous éprouvons de la colère contre « l'obstacle » à notre satisfaction.

Exemple : nous attendons devant la porte d'embarquement de l'aéroport, prêt à partir se prélasser sous le soleil des Caraïbes. Mais l'avion ne décolle pas, l'équipage ne donne aucune explication et finalement nous devons rentrer à la maison ! La frustration est automatique et engendre de l'agressivité envers toutes les personnes qui représentent la compagnie et qui, pour nous, sont responsables de notre insatisfaction.

2 | L'ANGOISSE
C'est une réaction défensive qui a pour but de préserver l'intégrité physique ou psychique de la personne. Pour reprendre la métaphore du vase, l'angoisse vient agir tel un caillou que l'on jetterait dedans, le faisant ainsi déborder, et ce même si le seuil de frustration n'est pas atteint.

3 | L'APPRENTISSAGE
Dès l'enfance, les comportements agressifs peuvent être acquis et appris, soit par l'expérience directe, soit par l'observation et l'imitation. Les inspirations peuvent être diverses, à l'image de son propre entourage : jeux vidéo, musiques aux paroles provocatrices, malsaines et destructrices, médias, films violents. Et si, en outre, des actes agressifs sont valorisés, encouragés par l'environnement familial et social, qui les considère comme des marques de courage ou de virilité, alors l'agressivité devient une attitude spontanée et fréquente chez l'individu concerné, retrouvée dans son rapport à autrui, dans sa vie adulte et professionnelle.

4 | PARVENIR À SES FINS
Enfin, l'agression pour parvenir à ses fins, atteindre un objectif, acquérir un bien ou, tout simplement, une

faveur, un geste. En montant le ton, je fais pencher le rapport de force en ma faveur. Je veux faire peur, impressionner. L'acte est réfléchi, stratégique, manipulateur et surjoué !

Dans ce cas précis, soyez attentif à l'attitude corporelle de l'individu, qui peut alors manquer de « congruence » : y a-t-il accord entre ses émotions et ses expressions corporelles ? Rien ne reflète son discours, il acquiesce avec sa tête tandis que son cœur, lui, refuse. Son authenticité est touchée.

Observez, par exemple, une personne dont la colère est sincère. Ses muscles sont crispés, elle transpire, devient rouge ou pâle, le cœur cogne sous la poitrine : ce qui est sincère est expressif, quels que soient, d'ailleurs, nos réflexes culturels ou ethniques.

Le conflit comme cri de révolte

Le conflit permet aussi d'assouvir ses haines et d'exprimer sa révolte.

L'individu en face, submergé par ses émotions, doit s'apaiser. Sans connaissance et travail sur soi, il le fera par les cris ou les actes, car l'émotion équivaut à de l'énergie. Le terme « émotion » vient du latin *emovere*, qui veut dire « ébranler », mettre en mouvement. Ce qui signifie que, une fois créée, et si nous ne faisons pas en sorte de la gérer, l'émotion reste, s'accumule, prend de l'ampleur. Un peu comme un ballon de baudruche qui se remplit d'air, prêt à éclater.

Il faut alors faire en sorte que l'individu dirigé par ses émotions verbalise ses maux et mette des mots sur ces dernières et sur ses sentiments, afin d'évacuer peu à peu l'air de ce ballon. Autrement dit, il faut qu'il « vide son sac ».

Si 80 % des conflits se déroulent devant témoins, ils naissent pour une grande majorité d'une mauvaise communication.

« Un sentiment exprimé est un sentiment apaisé. »

Mike, ex-négociateur de crise au GIGN

La communication est une absolue nécessité. Elle nous permet d'informer, d'interagir, de construire ensemble, et enfin d'influencer. Dans le milieu professionnel, nous parlerons de management, en amour, de séduction... Elle permet aussi de donner une image positive de soi (que l'on pense tout simplement par exemple aux entretiens d'embauches). Mais nous communiquons surtout pour satisfaire nos désirs et nos besoins !

Comment distingue-t-on un désir d'un besoin ?

Un désir est exprimé par le cerveau conscient sous forme de mots ou par des actes physiques, tandis qu'un besoin est exprimé par le cerveau inconscient sous forme d'une émotion positive ou négative.

La non-réalisation d'un besoin ou d'un désir peut faire surgir en nous de l'agressivité. Ainsi, une attente déçue ou un besoin non satisfait va provoquer en nous de la frustration : mal gérée, non acceptée, cumulée, elle va entraîner de la colère ou de la peur, qui vont à leur tour susciter de l'agressivité, manifestation négative de la communication. À terme, cela peut engendrer de la violence et provoquer un passage à l'acte.

Il est donc important d'identifier les besoins de l'individu et de rechercher ce qui se cache réellement derrière son comportement et ses demandes, car la demande n'est pas le besoin et ces derniers ne sont pas tous identiques.

Dans les années 1940, le psychologue Abraham Maslow a classifié les besoins fondamentaux de chaque individu en les hiérarchisant dans une pyramide. Selon lui, nous devons satisfaire nos besoins de base avant d'accéder aux besoins supérieurs.

CHAPITRE 1

1) Les **besoins essentiels**, d'ordre physiologique : dormir, boire, se laver, se reproduire représentent les besoins initiaux.

2) Le **besoin de sécurité** : intégrité et matériel. À savoir, qu'une personne dont le besoin physiologique est insatisfait, c'est-à-dire qu'elle ne sait pas où dormir, où se laver, qu'elle ne mange pas à sa faim... pourra alors prendre des risques, puisque satisfaire son besoin de sécurité ne sera pas sa priorité.

3) Le **besoin d'appartenance** à un groupe. De ce fait, un individu qui s'achète des vêtements de marque ou une voiture de luxe s'achète aussi une image, une appartenance, qui correspond à ce besoin précis.

4) Le **besoin d'être considéré**, valorisé, reconnu et apprécié des autres.

5) Enfin, le **besoin de se réaliser**, que ce soit à travers une activité professionnelle, personnelle (sportive, artistique) ou humanitaire.

La peur et la colère constituent les émotions de l'agressivité. Face à la peur ressentie par une personne, nous devons nous montrer rassurant. Devant la colère d'une autre, nous devons satisfaire le besoin d'être pris en considération. C'est le premier chemin qui mène à la quiétude et à l'apaisement.

Le conflit est un problème avec l'émotion !

Un problème est mesurable, observable. Il génère une insatisfaction acceptable. Son processus de résolution est finalement assez simple : nous l'identifions, nous l'analysons, nous recherchons des solutions puis les appliquons et évaluons la nouvelle situation avec calme et discernement. En prenant l'habitude de poser tous vos problèmes sur papier, vous serez stupéfait de la rapidité et de la facilité avec lesquelles vous trouverez les solutions les plus adaptées, objectives et pertinentes.

Le conflit, quant à lui, reste non mesurable et éclate avec l'accumulation d'insatisfaction, de frustration et de sentiments d'injustice qui font suite à la non-résolution d'un ou de plusieurs problèmes associant la colère et/ou la peur.

Il convient donc de prioriser et de se focaliser sur la gestion de ces émotions pour soi et pour l'autre, avant de vouloir trouver une solution rationnelle au problème de l'individu.

Pour autant, le conflit est ancré dans l'humanité comme une composante de la vie. Il faut accepter la face violente de la société, construite sur les guerres, à la force des armes plus qu'avec le poids des mots.

Pacifier le conflit, c'est procéder à un échange verbal, un moment plus ou moins long, avec des étapes : la rencontre, un flottement, la phase émotionnelle, la montée d'adrénaline, la stratégie du discours, le retour au calme...

C'est également prendre une décision, l'accepter pour mieux contrôler le conflit et mettre en place une véritable stratégie comportementale et de communication.

Luc de Brabandere, philosophe et mathématicien, écrit à ce sujet : « Accepter les contraintes pour mieux les contrôler ». En effet, si vous faites du voilier et que vous vous retrouvez face au vent, alors vous n'avancerez pas d'un mètre. En revanche, si vous acceptez sa force pour l'utiliser à votre avantage, vous pourrez faire le tour du monde.

Il est toutefois primordial de faire la distinction entre un conflit et une agression (physique ou verbale). Cette dernière peut être manipulatrice, froide et réfléchie ou impulsive et émotionnelle.

Un conflit nécessite au minimum deux individus, tandis que l'agression nous est imposée. La gestion de cette dernière n'est pas identique selon son degré de dangerosité.

CHAPITRE 1

Il faut impérativement préserver son intégrité physique et accepter... Accepter très rapidement cette phase de flottement pour reprendre le dessus sur la situation.

Pour Robert Paturel, une légende de l'intervention, instructeur au RAID pendant 20 ans, le premier à m'initier et m'accompagner à la négociation de crise : « La gestion du stress se positionne entre les émotions, la raison et l'action. Le schéma idéal est d'être capable d'agir avec raison, malgré les émotions. Il faut savoir que si l'une des trois déborde sur les autres, c'est l'échec. Si je suis complètement dans la raison, je vais me trouver plein d'arguments pour ne pas intervenir. Si je suis complètement dans l'émotion, je peux être complètement bloqué, inhibé. Et si je ne suis que dans l'action, je vais faire des bêtises et serai certainement en stress dépassé. »

En effet, comme nous le verrons dans le prochain chapitre, c'est la capacité à gérer ses propres émotions qui va déterminer l'issue de la situation.

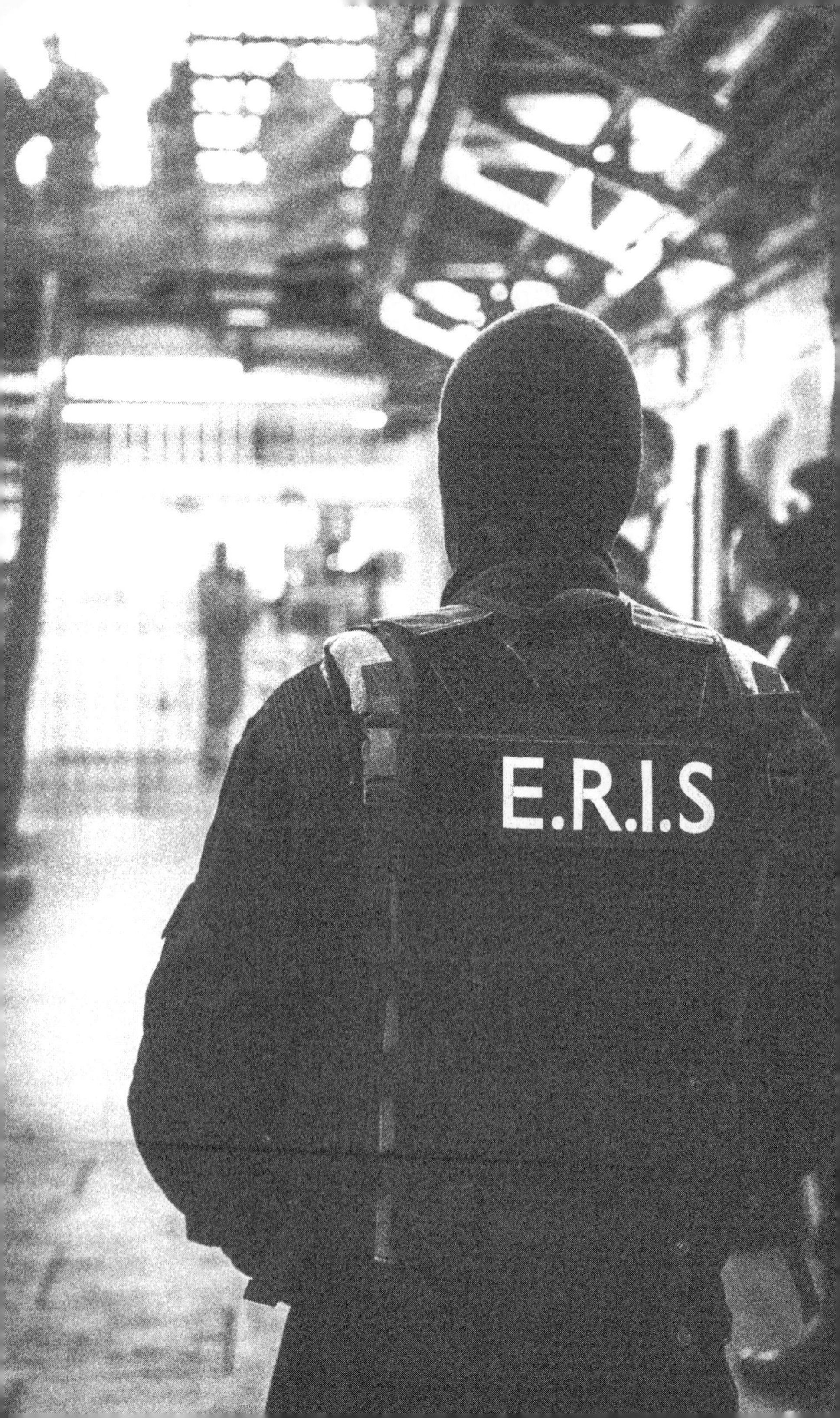
E.R.I.S

LES OUTILS DE LA PRÉVENTION

CHAPITRE 2

P COMME **PRÉVENTION**

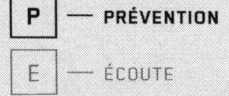

P	— PRÉVENTION
E	— ÉCOUTE
A	— ATTITUDE
C	— COMMUNICATION
E	— ÉMOTIONS

CHAPITRE 2
LES OUTILS DE LA PRÉVENTION

—

« L'homme n'est ni ange ni bête, et le malheur veut que qui veut faire l'ange fait la bête. » — Blaise Pascal (1623-1662)

Pertes, liens d'attachement brisés, isolement, ego... La violence que connaissent nos sociétés occidentales trouve souvent ses origines dans ces différents facteurs. En effet, l'augmentation de la violence parmi les gangs d'adolescents est attribuée dans la majeure partie des cas à un besoin d'appartenance et de lien social dont ils ont été privés. Pour d'autres, additionnant les échecs et vivant une vie telle que les médias la leur font fantasmer, leur ego devient leur principal allié face au monde. Pour ces derniers, peu importe d'y laisser la vie ou de la faire perdre s'ils sont en adéquation avec le personnage qu'ils jouent.

L'homme est un animal social, il peut être violent et dangereux ! Quel que soit le milieu (professionnel, personnel...), nous ne pouvons éradiquer ni la violence ni le conflit, mais nous pouvons les prévenir. Il apparaît en effet plus facile de les anticiper que de les gérer une fois installés.

Agir plutôt que réagir

Nous sommes responsables à 50 % des relations que nous avons avec les autres et nous devons donc prendre conscience que nous pouvons par notre comportement, un mot, un regard, un geste, envenimer une situation et la rendre explosive comme a contrario l'apaiser.

« Les gens intelligents résolvent les problèmes, les génies les préviennent. » — Albert Einstein

Nous sommes des êtres uniques

La planète est peuplée de huit milliards d'individus, tous différents. Au sein même d'une fratrie, nous ne nous ressemblons pas. Il faut donc accepter que l'autre puisse penser différemment de nous : nous ne partageons pas forcément les mêmes motivations, ni les mêmes peurs. De même, nous ne nous laisserons pas forcément convaincre par les mêmes arguments. Alors, laissons-le nous expliquer sa vision du monde, répandre sa propre vérité. Comprendre sa différence nous rend plus humble et nous permet de l'accepter pour mieux gérer le monde qui nous entoure. En effet, nous allons voir qu'adopter un comportement adapté pour anticiper les conflits reste la clé pour renforcer une cohésion, un mieux-vivre ensemble, quels que soient les domaines de sa vie.

A | PRÉVENIR LE CONFLIT INTERPERSONNEL DANS LES DOMAINES PROFESSIONNELS ET PRIVÉS

Les relations sociales jouent un rôle essentiel dans notre équilibre psychologique et permettent de surmonter au mieux les difficultés de la vie, mais également d'augmenter notre capacité au bonheur.

Selon Martin Seligman, chercheur en psychologie et fondateur de la psychologie positive, notre bonheur se construit sur des relations sociales positives. Nous allons voir dès à présent comment les renforcer, les développer et les entretenir dans nos sphères professionnelles et privées, de façon à prévenir le conflit en adoptant une attitude d'ouverture à l'autre.

« Les relations sociales forment une condition nécessaire, mais non suffisante pour un bonheur élevé ; elles ne garantissent pas le bonheur mais il n'est pas possible sans elles. » (Diener & Seligman, 2002)

Ne critiquez pas !

La critique ne valorise que celui qui la fait ! Elle donne du pouvoir, elle est facile, elle blesse, mais surtout elle ne modifie pas le comportement de l'autre. Au contraire, son amour-propre touché, égratigné, notre interlocuteur va se fermer et chercher à se venger ! Aucun changement positif ne s'obtient jamais par la critique.

Si vous devez vous affirmer quelle que soit la situation, appuyez-vous sur les faits. Ils sont objectifs : ce n'est pas la personne qui est remise en cause, mais son comportement ou sa parole.

Préservez sa dignité et son estime.

À cet effet, vous pouvez alors vous impliquer dans la critique (« Cela m'arrive à moi aussi... On est tous comme ça, c'est humain. ») ou atténuer la faute (« Tu sais, les erreurs d'inattention arrivent à tout le monde, surtout quand la charge mentale est importante. »).

Inspirer par l'exemple

Nos sociétés contemporaines connaissent ce que certains sociologues appellent « un déficit de reconnaissance ». Là encore, derrière les concepts se cache une réalité très humaine : nous existons à travers le regard des autres. Chaque jour, à chaque heure, nous construisons de la considération. « Il y a une question dans je t'aime », répétait Jean-Jacques Goldman. Nous voulons capter l'attention par nos paroles et par nos gestes, être rassuré sur notre place au sein de la communauté : cela se nomme aussi l'intersubjectivité. Ce mot signifie que le visage de l'autre, ses yeux, sa bienveillance, nous ouvrent à notre intériorité. Nous voulons être aimé, puisque le désir commun à tout être qui nous permet d'avancer et de progresser reste la reconnaissance.

Voilà pourquoi, lorsque nous souhaitons obtenir quelque chose de quelqu'un, mieux vaut lui donner envie plutôt que le critiquer.

Osez encourager vos amis et vos collègues. Essayez la valorisation ! Vous les verrez enthousiastes et même prêts à vous offrir leur fidélité. Sachez également les remercier en soulignant les qualités et le bon travail accompli. Concentrez-vous sur leurs compétences plutôt que sur leurs défauts et, surtout, soyez sincère et chaleureux.

Intéressez-vous aux autres !

Nous avons tous cet ami, ce collègue, qui, lorsque l'on tente, le cœur lourd, de se confier à lui, ne nous écoute que trente secondes, puis nous coupe, pour parler exclusivement de lui et de ses expériences...

Il a le mérite de nous enseigner cette leçon : intéressez-vous à votre entourage, à vos proches, soyez ouvert et curieux, accueillant et disponible.

Cessez de parler de vous, arrêtez uniquement d'entendre, écoutez vraiment !

Si je suis confronté à un groupe de personnes agitées, je vais vers le leader du groupe et je m'intéresse à lui. Je cherche à comprendre son fonctionnement, pour sortir du rapport de pouvoir qui m'oppose à lui. Je vais alors m'efforcer de sortir d'une relation dans laquelle sont en jeu « je » et « tu » pour créer du « nous ».

Vous aurez de bien meilleurs résultats si, avant de demander quelque chose à quelqu'un, vous vous intéressez sincèrement à lui.

Apprenez à faire des compliments

Félicitez et encouragez toujours votre équipe afin qu'elle ne veuille pas vous décevoir. Soyez authentique, sincère, et sachez donner du bonheur.

« J'adore ton nouveau blouson. »
« Tu fais du bon travail, tu es au top. »
« Ta présentation a été remarquée. Elle est très importante pour la suite de notre projet. »
« Ton implication et ton courage font avancer les choses. »

Les relations sociales positives sont une plus-value ! Elles forgent la confiance mutuelle et renforcent le sentiment d'appartenance. Un mot, une phrase, peut suffire à améliorer la qualité de travail et la cohésion de votre groupe.

Le bien-être ensemble dépend de la chaleur humaine (on s'aime et on se le dit), du respect inconditionnel de la personne (on respecte nos différences) et de la clarté (de ce que l'on fait).

De plus, et en complément, Marshall B. Rosenberg, fondateur de la communication non violente, explique que l'empathie et la bienveillance sont des outils efficaces pour résoudre nos problèmes interpersonnels et souligne également que notre vocabulaire peut faire toute la différence entre des échanges agressifs, défensifs, dominants ou rassurants.

Autrement dit, le plus important, ce n'est pas ce que l'on va dire, mais la manière de le dire.

De manière symétrique, si les gestes et les mots des autres ne peuvent devenir la cause de nos sentiments, ils peuvent néanmoins en être le déclencheur. Ce qui fait naître un sentiment, c'est la manière dont nous allons les recevoir.

Favorisez une relation « adulte-adulte »

Selon Éric Berne, médecin-militaire, psychiatre, psychologue et fondateur de l'analyse transactionnelle, l'individu est constitué de trois états du « moi » qui agissent au niveau du conscient : l'état enfant, l'état adulte et l'état parent.

Les 4 étapes du processus de la communication non violente telles que les définit Marshall B. Rosenberg sont les suivantes.

1. Affûtez votre sens de l'observation
Ne jugez pas trop vite. Vos a priori sociaux et culturels peuvent vous induire en erreur, car nous considérons nos opinions comme des certitudes.

2. Soyez authentique !
Dites ce que vous avez sur le cœur. Trop de personnes, en particulier les cadres, développent de nos jours ce que les psychanalystes américains appellent un « faux self », c'est à dire un faux moi. Le masque radical. Une sorte de carapace si épaisse que l'individu n'a même plus accès à ses émotions ! Ne vous laissez pas réduire à une image sociale.

3. Identifiez vos besoins

Si les travaux de Maslow sont toujours intéressants, ils méritent d'être enrichis par ceux de Marshall B. Rosenberg, qui estime que des besoins tels que l'autonomie, la créativité, la liberté de choisir ses valeurs, la confiance ou le respect sont aussi fondamentaux que ceux décrits dans la pyramide de Maslow.

Soyez donc à l'écoute de vos besoins : un besoin non satisfait engendre de la frustration et à terme de l'agressivité.

4. Soyez sincère

Apprenez à vous exprimer clairement, mais également demandez aux personnes de votre entourage quel besoin ils cherchent à satisfaire et comment vous pourriez y contribuer.

Exemple : « Quand tu dénigres mes idées, je me sens triste et en colère... j'ai besoin de me sentir respecté quand bien même tu ne serais pas d'accord avec ce que je dis... Afin de rendre le débat constructif, j'ai besoin que tu me laisses le temps d'argumenter mon point de vue. »

L'état du moi enfant apparaît le premier avec les émotions, les sensations, la spontanéité, les rêves, les jeux, etc. L'individu peut être soumis, quand il se plie aux règles, ou rebelle, quand il s'oppose à l'autorité.

Dans un second temps, le moi parent se manifeste lorsque l'individu reproduit les comportements de ses parents ou des autres « autorités » qu'il a croisées dans son enfance. Il peut devenir persécuteur, quand il punit ou reproche, sauveur, quand il protège à l'excès, normatif, quand il impose des normes, ou permissif, quand il autorise.

Enfin, le moi adulte se manifeste quand l'individu prend des décisions objectives et réalistes après avoir évalué les situations. L'important est d'identifier dans quel état de « moi » nous nous trouvons et se trouve notre interlocuteur, afin de favoriser une relation adulte-adulte en lui posant des questions pour le faire réfléchir, être logique et s'appuyer uniquement sur les faits sans les interpréter ni les juger.

N'utilisez pas le « tu » !

Le « tu » étrangle la communication. Le « tu » a un sens critique, il est destiné à juger : « Tu as fait ça. Tu n'aurais pas dû... » C'est une forme d'intolérance qui déclenche l'escalade.

Utilisez plus volontiers le « je », qui vous permettra de parler en votre nom et de prouver que vous êtes bien impliqué dans la relation : « je » te confirme, « je » vous propose, « je » m'engage à, « je » me renseigne, « je » note, « je » fais le maximum, etc.

Attention, le « on » est quant à lui assimilé à la manipulation, utilisé pour chercher à influencer l'autre en l'associant malgré lui à une décision prise à son insu : « On avait pourtant dit qu'on ferait comme ça. »

La résolution de conflit sans perdant

En développant le recours au « je » et en pratiquant l'écoute active, que nous traiterons dans le prochain chapitre, vous disposerez des deux outils nécessaires à la méthode de résolution de conflit basée sur le concept de « relation gagnant-gagnant », mise en place par Thomas Gordon, docteur en psychologie, dont les trois étapes sont les suivantes.

1. Cernez le périmètre du conflit
Posez le problème en termes de besoin en identifiant les objectifs communs de votre équipe ou de l'individu, au lieu de vous focaliser sur les différences d'opinions.

2. Ne perdez pas de vue les solutions gagnant-gagnant
Éliminez les mauvaises solutions, décidez ensemble des plus adéquates, mettez-les collectivement en œuvre, et ce de façon rationnelle.

3. Pratiquez une évaluation lucide de la mise en œuvre et des résultats apportés par les solutions.

B | PRÉVENIR LES CONFLITS DANS DES SITUATIONS COMPLEXES

Avant d'entamer ma carrière dans l'administration pénitentiaire, j'ai travaillé pendant plus de 10 ans comme jeune contrôleur, puis assistant de direction, dans un cinéma de quartier situé dans une rue peu fréquentable de Montpellier. Incivilités, agressivité, menaces, bagarres, coups de couteau, de bouteilles, voilà ce que fut mon quotidien pendant ces longues années. Et déjà en 1997, à chaque pause, je me rendais dans la librairie la plus proche pour y lire de nombreux ouvrages sur la gestion des conflits, la communication et la psychologie sociale.

J'expérimentais les techniques retenues pour prévenir ces situations, sans me douter que je les utiliserais quelques années plus tard comme surveillant dans les coursives bondées de la prison des Baumettes à Marseille.

La technique de visualisation

Pour gérer mon stress face à ces violences urbaines, à l'image de Marc Aurèle, grande figure de la philosophie stoïcienne romaine qui s'exerçait à anticiper les maux qui pouvaient survenir, je visualisais alors chaque étape de la journée du lendemain en m'imaginant gérer les différents imprévus.

« Se dire dès l'aurore : je vais rencontrer un indiscret, un ingrat, un violent, un perfide, un arrogant. Tous leurs défauts leur viennent de ce qu'ils ignorent les biens et les maux. Pour moi, je connais aussi la nature du bien, c'est l'honnête, et celle du mal, c'est le vil ; je connais aussi la nature du pêcheur : c'est un être de même race que moi, non pas de même sang ni de même père, mais participant à la raison et ayant une part de la divinité ; nul d'entre eux ne peut donc me nuire, car nul ne peut me faire faire une chose vile ; et je ne puis non plus m'irriter contre un être de ma race ni le laisser de côté. Nous sommes nés pour collaborer, comme les pieds, les mains, les paupières, ou les deux rangées de dents, celle du haut et celle du bas. Il est contre nature de s'opposer les uns aux autres : et c'est s'opposer à eux que s'irriter ou se détourner d'eux. » — Marc Aurèle, *Pensées pour moi-même*, II, 1.

> Créées en 1991 à la demande de l'armée française par le docteur Édith Perreault-Pierre, les Techniques d'Optimisation du Potentiel (les TOP®) font désormais partie du quotidien des militaires, des groupes d'intervention de la police et de la gendarmerie et de l'administration pénitentiaire. Elles sont également utilisées dans la préparation mentale des sportifs de haut niveau. Décrite dans le livre *Comprendre et pratiquer les Techniques d'Optimisation du Potentiel*, la préparation mentale de la réussite pour la vigilance (PMRV) consiste à imaginer positivement les différentes étapes de la journée, depuis le réveil jusqu'au soir.

Je visualisais mes actions, mes décisions, mon attitude comme si j'en étais l'acteur ou le spectateur ; j'y mettais de la couleur, des odeurs, des sensations... Je voyais les scènes de face, de dos, de côté, au ralenti et en accéléré. Je gérais tous ces événements en toute sécurité, avec confiance et sérénité, et pouvais ainsi aborder ma journée avec des pensées et des sensations positives, motivantes et mobilisatrices, pour travailler dans les meilleures conditions.

Utilisée dans la préparation mentale des sportifs de haut niveau dès les années 1980 et dans les TOP®, la visualisation est particulièrement efficace pour se motiver, gérer son stress et trouver l'énergie nécessaire pour réaliser une activité stressante ou difficile.

Un lieu de détention est une véritable ville dans la cité et nous croisons souvent les personnes détenues avec lesquelles nous avons été soumis à certaines tensions. Malgré notre appréhension naturelle quant aux réactions que peut avoir une personne, inconsciente ou surjouée, nous devons continuer à faire respecter les règles et la Loi.

Plusieurs fois, j'ai été amené à fouiller un détenu et sa cellule après une confrontation tendue, voire musclée, avec lui la veille. Seul, nous devons trouver les ressources et le courage pour parfaire notre mission. En effet, la facilité aurait été de baisser la garde, accepter une certaine souplesse mettant en cause la sécurité et la règle au détriment d'un semblant de paix. Les techniques de visualisation m'ont ici beaucoup aidé pour gérer ces tensions. Cet outil terriblement efficace dans la gestion du stress peut s'utiliser en toute discrétion et à la vue d'une tierce personne.

Je me vois en train de me diriger vers la cellule concernée, je regarde à l'œilleton, j'ouvre... je m'adresse à la personne détenue en lui disant que je vais procéder à la fouille de sa cellule, je me vois et m'entends parler, puis j'anticipe ses réactions, sa colère, ses tentatives d'intimidation, ses violences verbales, une éventuelle tentative d'agression... Et j'anticipe une rhétorique adaptée, une argumentation pertinente, une gestuelle de maîtrise d'intervention, un repli si nécessaire...

Cette technique m'a également particulièrement servi lorsque j'ai intégré notre groupe d'intervention, et ce dès les épreuves de recrutement et missions.

Ainsi, au cours de cette formation où nous sommes soumis à une évaluation régulière et rigoureuse entre l'ENAP et le Centre national d'entraînement des forces de gendarmerie à Saint-Astier, où se conjuguent l'endurance, la force et le courage tandis que nous sommes sujets à un stress oppressant de haute intensité, il existait une épreuve très instructive qui pouvait paraître un peu plus fade, moins spectaculaire ou sensationnelle que les autres, mais qui m'a particulièrement marqué. L'épreuve se déroulait à la piscine : les examinateurs nous demandaient de monter sur le plongeoir de plus de 3 mètres de haut, les mains attachées derrière le dos et les yeux bandés, avec un double objectif en vue : le premier était de connaître la faculté de l'individu à faire confiance aux consignes données et à les appliquer, le second était d'évaluer la capacité de prise de renseignements et de mémorisation sous stress.

Nous étions dans le vestiaire et l'examinateur venait nous chercher un par un, sans nous donner aucune information. L'épreuve débutait du haut du plongeoir avec comme consigne de se tenir droit et de se laisser tomber la tête la première. Fugacement, j'ai alors pensé que mon crâne n'allait pas survivre à l'expérience ! Et après quelques secondes de respiration, j'ai alors visualisé la scène... droit, extrêmement droit, je sentais mon corps, je me voyais sous plusieurs angles, me laissant tomber dans l'eau. Je pouvais même ressentir l'impact de celle-ci sur mon front à mon arrivée. C'était un énorme travail sur soi, puisque ce n'est pas naturel de se jeter la tête la première. À ce moment-là, il fallait prendre conscience de son acte et de la posture pour faciliter l'arrivée dans l'eau. J'ai alors compté jusqu'à trois dans ma tête et me suis laissé tomber... sans bouger d'un centimètre. Tout s'est bien passé pour moi et j'ai pu rejoindre le bord de la piscine en nageant comme j'ai pu, les pieds et les mains liés. D'autres n'ont pas eu cette chance, n'ont pas tenu la posture jusqu'au bout et se sont vu sanctionner d'un violent « plat » sous les rires bon enfant des collègues.

Cette même technique de visualisation peut être appliquée dans de nombreuses situations vécues en entreprise : présentation de projet, réunion, entretien... En effet, des études en neurosciences ont démontré que le cerveau n'opère pas de distinction entre une action vécue et une action imaginée.

Privilégiez le lien, le résultat viendra plus tard !

— *Posez un cadre*
Dans son livre *Que dites-vous après avoir dit bonjour ?*, Éric Berne explique qu'il n'y a que trois besoins pour qu'un individu soit bien dans sa peau :
• le besoin de cadre, garant de notre sécurité (dans notre travail, notre vie privée, nos loisirs, en vacances) ;
• le besoin d'être reconnu et valorisé ;
• le besoin de sensations (joie, peur, aventure, action...).
Chaque individu a besoin d'un cadre pour se sentir en sécurité et s'épanouir. Alors soyez directif sans être autoritaire, le sourire et la décontraction vous permettront de prévenir 90 % des conflits. En résumé, la gestion des conflits, ce n'est pas « savoir », mais « être ».

Vous devez également vous fixer des règles simples et très claires : quelles limites je ne souhaite pas dépasser et qu'est-ce qui est négociable ou non ? Il est primordial de fixer ces limites-là et d'en être convaincu, car de convaincu, nous devenons convaincant.

« Je vous remercie de votre retour et nous sommes désolés, je comprends tout ce que vous m'expliquez et que vous soyez en colère. Je ne suis pas autorisé à... En revanche, si vous le souhaitez, je peux vous proposer deux solutions, soit ça... ou ça... C'est vous qui décidez ! »

—*Tenez informé*
Toujours dans cette création du lien avec l'autre, et ce quel que soit votre environnement, ne laissez pas votre entourage professionnel ou privé dans l'inconnu. Expliquez factuellement ce qui se passe toutes les 10, 30 ou 60 minutes. Ne vous fixez pas non plus d'ultimatum : plutôt que de promettre une réponse dans les cinq minutes, engagez-vous à tenir la personne informée le plus rapidement possible.

— *Soyez poli, extrêmement poli, bienveillant, extrêmement bienveillant, souriant, extrêmement souriant*

Toute rencontre sociale est risquée pour soi et pour autrui. Elle est généralement considérée comme étant potentiellement conflictuelle, et chaque interactant s'évertue à protéger sa face, sociale et personnelle, lors de toute interaction (Goffman 1974). Corrélativement, et face aux menaces inhérentes à l'interaction, on admet la nécessité de mécanismes compensatoires que sont les rituels de politesse (Brown et Levinson, 1987), qui permettent de réguler la relation interpersonnelle.

Ainsi, ne criez surtout pas pour vous faire entendre ou pour asseoir votre autorité. Déplacez-vous vers les gens et parlez doucement, ce qui va favoriser l'effet miroir, au fur et à mesure de la discussion. Ainsi, ils vous suivront, parleront moins fort et seront, par la même occasion, naturellement plus calmes.

Quelquefois, il n'est même pas nécessaire de parler, un sourire et un geste permettent d'obtenir de bien meilleurs résultats. J'aimerais insister sur le pouvoir merveilleux du sourire !

Savoir sourire n'est pas donné à tout le monde. Les impératifs de compétitivité, le stress du travail, les difficultés familiales, ou tout simplement la mauvaise humeur des collègues, peuvent vous empêcher de réaliser ce geste si simple.

Soyez cependant convaincu de la puissance du sourire. Accompagné d'un bonjour, son aura est magique. Il peut véhiculer la joie, l'empathie, le bien-être et la confiance. Il sous-entend : « Je suis heureux, je suis content de vous voir, vous me plaisez ».

Le sourire est un compliment. Sachez que notre cerveau ne distingue pas un faux d'un vrai sourire. Alors forcez-vous ! Cela produira des hormones de bonheur ! La dopamine et l'endorphine surmonteront l'angoisse et renforceront votre confiance en vous.

Utilisez également l'humour ! L'humour est une arme efficace. Il dédramatise, permet de prendre de la hauteur. Souvenez-vous toutefois que nous ne pouvons pas rire de tout avec n'importe qui.

L'assertivité

Introduite par le psychologue new-yorkais Andrew Salter au début du XXe siècle et plus récemment développée par Joseph Wolpe, psychiatre et professeur de médecine américain, l'assertivité est la capacité d'exprimer ses sentiments et d'affirmer ses droits tout en respectant les sentiments et les droits des autres. Autrement dit, être assertif, c'est s'affirmer sans agresser l'autre.

Dédramatisez rapidement la situation pour vous et pour l'autre. En voiture ou en moto, conduisez pour les autres. Vous ne referez pas leur formation, leur éducation, le monde et vous diminuerez les insultes de part et d'autre ainsi que la possibilité d'éventuelles agressions.

Ce n'est pas une marque de faiblesse, mais d'intelligence. Nous avons peu d'emprise sur ce type de situations, mais avons toujours la possibilité de nous raisonner et de prendre de la distance.

« Ce concombre est amer : laisse-le. Il y a des ronces dans le chemin : passe à côté. Cela suffit. N'ajoute pas : "Pourquoi de pareilles choses dans le monde ?" » —
Marc Aurèle, *Pensées pour moi-même*, VIII, 1.

Restez calme, cassez vos schémas et vos croyances, et pour citer Rudyard Kipling, l'auteur du *Livre de la jungle* : « Si tu peux garder ton sang-froid quand tout le monde autour de toi perd la tête, alors le monde est à toi. »

Plus simplement encore : comportez-vous avec les autres comme vous souhaiteriez que l'on se comporte avec vous.

L'émotion élastique

Ce phénomène survient lorsqu'un événement rappelle à quelqu'un une situation négative du passé. En effet, une attitude, une phrase, un simple mot peuvent avoir de lourdes conséquences, entraînant une colère excessive et disproportionnée. Si, par exemple, un individu a été maltraité dans son enfance par un père violent ou, en échec scolaire, humilié par un professeur, il associera la situation présente avec celle de son enfance, ce qui se traduira par une réaction impulsive et à fleur de peau.

Nous sommes tous différents, personne n'a tort ni raison. C'est pourquoi, lorsque nous communiquons, certains comportements ou réactions que nous jugeons appropriés peuvent être perçus différemment par notre interlocuteur.

Nous ne comprenons pas toujours les réactions de notre entourage. Cependant, d'une manière générale, nous devons dégager une impression positive : l'optimisme est communicatif, la confiance en soi rassure et calme. Il faut savoir se montrer disposé à aider plutôt que de vouloir automatiquement prendre le dessus, se montrer sincère, amical, coopératif, bienveillant. Cela pourrait se traduire tout simplement par : « Je suis quelqu'un de bien, tu es quelqu'un de bien. Je ne suis pas le problème, tu n'es pas le problème. Nous allons trouver ensemble une solution. »

Dissocier absolument l'individu du problème.

Apprendre à soutenir le « non »

Pacifier, négocier, ce n'est pas dire « oui » à tout, parfois il faut savoir soutenir le « non ». Comme le soulignait le psychologue Carl Roger, créateur de l'écoute active : « La capacité de dire "non" sans nuire au lien, en faisant comprendre à l'autre qu'on le respecte, est le secret pour prévenir une situation conflictuelle aiguë. »

Comment faire ? Évitez le non catégorique et ferme, qui peut déclencher une violence extrême de la part de tous ceux qui n'ont aucune tolérance à la frustration. Optez plutôt pour une expression type : « Je vais voir, je vais essayer de me renseigner, je m'occupe de tout ça, je

vous tiens au courant ». Habillez vos arguments de refus en évoquant la réglementation ou les lois ou, plus humblement, en expliquant que vous n'avez aucun pouvoir. « Ce n'est pas moi qui prends la décision. » Il faut que l'argumentation soit logique, audible et intelligible pour que le demandeur se dise : « C'est vrai, il a raison... »
Toujours trouver une porte de sortie pour son interlocuteur. Compensation et/ou solution (dans la mesure du possible), il est préférable de toujours proposer une à deux ouvertures à votre refus et de lui demander de choisir librement afin d'éviter de lui faire « perdre la face ». C'est une règle d'or.
En détention, tout peut être un déclencheur, tout peut être sujet à discorde, il y a peu de place pour la nuance. Sur un terrain propice au stress, on adopte facilement une vision manichéenne qui manque quelquefois cruellement de discernement. Nous ne sommes que bon ou mauvais. Un mot, un regard, une tonalité, une gestuelle, un « non », une situation cordiale peut, en une poignée de secondes, dégénérer et s'aggraver. Effectivement, tout ce qui pourrait paraître anodin à l'extérieur des murs peut prendre des proportions extrêmes et créer des sur-incidents.
Au début de ma carrière, j'assurais la garde d'une centaine de détenus en moyenne, loin des reportages sur les

---

Attention à celui qui ignore votre « non » !

Gavin de Becker, éminent spécialiste des questions de sécurité, explique dans *The Gift of Fear* (*La peur qui vous sauve*, 1998) que, lorsqu'une personne ne vous écoute pas quand vous lui dites « non », c'est le signe que vous courez un danger. Selon Becker, celui qui ignore votre « non » cherche à prendre ou à conserver le contrôle de la situation.

prisons américaines où le ratio n'est sensiblement pas le même : selon les régimes de détention, plusieurs surveillants pour un seul détenu ! Seul pour cent, il faut alors se donner à mille pour cent ! Chaque porte de cellule renferme un conflit et sous chaque conflit se cache un profil. Petite frappe, toxicomane, caïd, grand banditisme, étranger, trafiquant, homme public, médiatique, malade, malade mental, impulsif, agressif, vulnérable, manipulateur... Seul ou à plusieurs dans 9 m². Il faut savoir s'adapter rapidement sur la forme et sur le fond. Il faut aussi déterminer clairement ce qui acceptable ou non. Être ferme, réactif, et toujours apporter une autre option. Cette démarche, même la plus anodine, vous évitera une grande majorité de blocages, car elle sous-entend que vous prenez au sérieux la demande de l'individu et que, malgré vos contraintes, vous faites tout ce que vous pouvez pour lui. La personne repart satisfaite et vous vous évitez d'éventuels incidents ainsi que des pensées rancunières.

Votre position, au sens littéral du terme, peut également faciliter la coopération. À titre d'exemple et malgré le fait que cette situation soit courante, il faut savoir que se retrouver assis face à face, c'est adopter une position de fermeté, souvent annonciatrice de confrontation. En revanche, assis en angle droit, les deux acteurs sont dans une attitude de coopération, tandis que le « côte à côte » s'oriente vers une collaboration. La solution est ainsi dans quelques détails parfois dérisoires.

Évaluez un profil !

Confronté à une personne agressive verbalement, intimidante, créant une situation de stress aigu et sans entraînement quotidien, il s'avère difficile de faire un diagnostic précis des différents profils d'individus. Je ne suis ni psychologue ni psychiatre et de nombreux ouvrages sont à votre disposition pour affiner votre connaissance sur ces sujets. Néanmoins, de par mon expérience, afin de prévenir et d'éviter l'escalade de la violence, il faut savoir prendre le RER.

Autrement dit, soyez Respectueux, à l'Écoute et Rationnel !

Le respect engendre le respect, l'écoute évite le passage à l'acte, satisfait l'exhibition du théâtral et flatte l'orgueil. La rationalité, quant à elle, dépassionne, calme la démonstration, contente la rigidité, démasque la perversion et rassure le paranoïaque. La dimension paranoïaque est la dimension du passage à l'acte.

Chez certains, la dimension psychologique peut s'accompagner d'arrogance, comme nous l'avons vu dans l'introduction, ou d'un cocktail explosif bien connu de frustration, de besoin d'exister, de colère, d'excès et de mépris.

C'est une évidence, les hommes ne se ressemblent pas. Chacun a été façonné par son vécu, son éducation, son histoire.

Cependant, leurs profils ne sont pas figés et peuvent aussi évoluer en fonction de ce que nous appellerons les modificateurs comportementaux, au nombre de trois.

— *Les modificateurs chimiques*
Au nombre desquels on compte l'alcool, évidemment. Désinhibiteur connu, qui assomme la raison, décuple la colère et accélère le processus de violence. Il n'y a pas de meilleur moyen pour lutter contre l'alcool que d'attendre que le temps passe et que s'en réduisent les effets, jusqu'à atteindre un climat forcément apaisé. On pourra citer comme autre modificateur chimique la drogue, de l'héroïne à la cocaïne, en passant par le cannabis. C'est un moteur d'excitation, d'hyperactivité, qui peut développer la puissance et donner l'impression d'une force totale.

— *Les modificateurs émotionnels*
Moments de vie traumatisants tels qu'un licenciement, une faillite, un divorce ou un deuil. Un vent d'injustice qui

> Dans certains cas, prévenir un conflit pourra être assimilé dès le début de la rencontre à un rapport de force, à l'image de la vente « en direct », au porte-à-porte, cet exercice où tout se joue en une poignée de secondes (qui prendra l'ascendant sur l'autre ?).
> Trois principes s'appliquent : « Fast-talk-deal ».
> « Fast » pour la rapidité, le regard. Il doit être vif, déterminé, panoramique, bref mais plein d'assurance. Nous verrons, lorsque nous aborderons le chapitre sur la communication, qu'il entre dans l'influence silencieuse.
> « Talk » pour manier la bonne rhétorique et les arguments de poids, déterminants pour l'issue du conflit. Se montrer pertinent et prendre naturellement le dessus.
> Le « Deal », c'est, après avoir pris l'ascendant, faire preuve de bienveillance, rassurer. À appliquer tout de même avec prudence, puisque nous ne pouvons jamais anticiper avec certitude les réactions d'une personne.

soulève, emporte, étouffe et peut pousser à commettre des actes graves.

—*Les modificateurs socioculturels*
Appartenir à un groupe, un clan, une mouvance. Si la violence en son sein est règle d'or, alors il faudra être violent : « Tu baisses les yeux ou tu te bats ». Répondre aux règles du groupe permet de valoriser l'ego. L'ego est prédominant dans un groupe, puisque ce dernier est le plus fort et détient la vérité. Nous ne sommes effectivement pas les mêmes en étant seuls ou accompagnés !

Les premières secondes de la rencontre avec l'autre, prêt à générer un conflit, à en découdre, sont essentielles. Il faut savoir l'identifier, le cerner. C'est notre capacité à analyser notre interlocuteur qui permettra une stratégie de gestion efficiente.

Développer votre capacité à évaluer en quelques secondes la dangerosité d'une situation vous permettra de prendre de la hauteur et de reprendre rapidement le contrôle de vos émotions.

C | ANTICIPER, C'EST AUSSI ET SURTOUT GÉRER SES ÉMOTIONS

L'émotion est une énergie qui s'empare de nous, qui va transformer notre état et nous préparer à une réaction. De l'énergie qui, une fois créée, va rester. L'important est de réussir à la libérer ou d'aider l'autre à l'évacuer, surtout quand cette énergie se nomme colère ou peur.

Nous allons maintenant aborder un point important qui pourrait faire débat ou remettre en question beaucoup de certitudes.

Si je vous annonce que nous sommes responsables de nos propres émotions ?

En effet, nous aurions tendance à penser que c'est une situation ou une personne qui est en cause. Cependant, ce ne sont pas les événements qui créent nos émotions, mais l'interprétation que l'on s'en fait. Une même situation sera perçue et vécue différemment selon l'individu.

Chacun imagine que ses émotions sont légitimes, puisqu'il les subit. Lorsque je suis attaqué, je trouve normal de me défendre et de réagir.

Insultes et humiliations sont créées pour nous faire peur, nous impliquer émotionnellement afin de nous faire dysfonctionner. Dans l'excellent livre *Negociator*, qui est la référence de toutes les négociations, Laurent Combalbert et Marwan Mery détaillent les deux types d'insultes : l'insulte raisonnée et l'insulte émotionnelle.

L'insulte raisonnée vise à déstabiliser. Son objectif est précis, méthodique. C'est une arme telle une attaque soigneusement préméditée.

L'insulte émotionnelle est, quant à elle, spontanée. Fruit d'une pulsion archaïque, elle provoque chez son auteur remords et mauvaise conscience.

Le secret est de ne pas répondre à l'insulte pour, bien évidemment, prouver votre stabilité intérieure et votre force mentale. Votre objectif est de faire baisser la tension, et non, de façon quasi immature, de l'entretenir.

Évitez également de faire porter la responsabilité à l'autre : plutôt que des formulations telles que « Monsieur, je n'apprécie pas vos propos » ou « Vous me manquez de respect », dites que les propos tenus vous dérangent, afin de créer un électrochoc psychologique et faire taire votre interlocuteur.

Considérez que vous êtes la cible, mais pas le destinataire

Pour que les propos ne vous impactent pas ou peu, il faut accepter cette phase de flottement pour mieux gérer, mieux contrôler. C'est aussi prendre de la distance avec vos émotions et se dire que l'individu cherche avant tout à vous déstabiliser. Si vous cédez à ce mécanisme, c'est lui qui en sort vainqueur. Considérer ces interactions comme un jeu ou comme un sport de combat reste la clé pour diminuer l'intensité de cette phase.

Jérôme Palazzolo, médecin psychiatre, explique que l'émotion est un état affectif qu'une personne ressent intérieurement et dont la durée et l'intensité sont variables, avec trois composantes de base, situationnelle, cognitive et physiologique. À titre d'illustration : si je marche seul, la nuit, dans la rue, et que je vois un homme s'avancer vers moi, je peux le trouver étrange et mon cœur va « s'emballer ».

Et le stress, alors ?

Un état de stress survient lorsqu'il y a déséquilibre entre la perception qu'une personne a des contraintes imposées par son environnement et la perception des ressources pour y faire face. Ce stress impacte nos sphères cognitives, émotionnelles et comportementales.

Pour autant, le stress fait partie de la vie, il faut l'identifier, l'accepter, s'en faire un allié ! C'est un moteur, de l'énergie, un partenaire, un superpouvoir ! Comme au volant d'un gros bolide, si nous apprenons à le gérer,

nous pourrons battre des records de vitesse sur circuit. Mais avant d'aller plus loin, nous allons chercher à le comprendre à travers ses quatre caractéristiques représentées sous l'acronyme C.I.N.E.
• **C** pour Contrôle. Avoir l'impression de disposer de peu ou pas de contrôle sur la situation.
• **I** pour Imprévisible. Un événement inattendu ou encore le caractère imprévisible d'une situation.
• **N** pour Nouveauté. Une situation nouvelle ou une nouveauté.
• **E** pour l'Ego. Une menace pour l'ego (ou pour nos compétences qui sont remises en doute).

Selon le Centre d'études sur le stress humain, « la perte du sens de contrôle, l'imprévisibilité, la nouveauté et la menace à l'ego provoquent invariablement une réponse de stress et la sécrétion d'hormones du stress ».

Afin de prévenir cet état de stress qui peut conduire inconsciemment à une réaction de violence, je vous propose de reprendre cet acronyme en ajoutant systématiquement le comportement à adopter afin de prévenir l'éventuel débordement.
• **C** pour Contrôle... Laissez toujours l'autre penser qu'il a le contrôle de la situation.
• **I** pour Imprévisible... Ne mettez personne au pied du mur. En aucun cas l'individu ne doit avoir de mauvaise surprise.
• **N** pour Nouveauté. Expliquez tout, point par point, ce que vous allez faire, comment ça va se passer.
• **E** pour Ego. Préservez toujours l'ego, laissez une porte de sortie afin que l'individu ne perde pas sa dignité.

Les trois phases du stress

Le médecin, professeur d'université, psychologue et surtout pionnier des études sur le stress Hans Selye explique, dans son modèle du Syndrome général d'adaptation, que, face à un choc, un stimulus, le stress auquel est soumis un être humain se décline en trois phases.

— *La phase d'alarme*
C'est la phase de stress aigu ! C'est la réaction d'urgence, rapide et intense (elle peut durer quelques minutes ou une à deux heures). Elle est contrôlée par votre cerveau reptilien indispensable à votre survie et engendre la production d'hormones (catécholamines) par les glandes surrénales : adrénaline et noradrénaline.

Une partie du cerveau nommée le système nerveux autonome active tout un réseau de fibres appelées les fibres nerveuses sympathiques. Ce réseau va augmenter les fréquences respiratoires et cardiaques pour vous préparer à l'action.

« Votre sang reste principalement dans votre cœur pour assurer votre survie. Il envoie alors toute l'énergie par flux sanguin dans vos bras et dans vos jambes pour vous battre ou vous enfuir ! En stress aigu, votre cerveau est donc moins bien irrigué, ce qui engendre une difficulté à réfléchir, à vous exprimer... et c'est lorsque vous vous sentez piégé que vous ne pouvez alors faire parler les mains. » — Christophe Caupenne, ex-commandant du RAID

Parallèlement à cet accélérateur existe le système parasympathique, qui part de la même zone du cerveau mais qui va réguler le stress, en ralentissant votre rythme cardiaque et votre respiration.

Comme pour un muscle, vous pouvez le développer. Plus vous vous entraînez à pratiquer des exercices de relaxation, plus vous allez apprendre à activer ce système parasympathique, et donc à équilibrer ces états physiologiques liés au stress. Nous pouvons donc apprendre à nous calmer.

— *La phase de résistance*
Durant cette phase, la production de glucocorticoïdes, dont le cortisol, augmente le métabolisme de base de l'organisme, permettant de trouver l'énergie nécessaire pour résister et « tenir le coup ». Pour autant, dans des taux trop élevés, le cortisol va agir sur la vitalité, perturber la qualité du sommeil, faire chuter le système immunitaire et également favoriser la prise de poids. Dans cette phase, est constatée également une chute importante de la dopamine, « molécule du plaisir », du magnésium (dont l'un des principaux symptômes de manque est la fatigue) et du zinc, ce qui peut donc avoir de réelles conséquences sur la santé.

— *La phase de l'épuisement*
Elle correspond à l'effondrement des capacités d'adaptation et de résistance. L'organisme ne peut plus faire face, certaines cellules meurent ou dégénèrent, entraînant des maladies de peau, herpès, chutes de cheveux, ulcères, infarctus, cancer, dépression, burn-out.

L'important, pour résoudre un conflit, c'est, dans un premier temps, de gérer le stress, puis, dans un second temps, d'emmener l'émotion « au bon étage », puisque « Trop d'émotion tue la raison, mais trop de raisons tuent l'émotion ».

Trois cerveaux pour gérer nos émotions

Paul D. MacLean, neurobiologiste, nous enseigne que l'homme possède trois cerveaux bien distincts : le cerveau reptilien, le système limbique (également appelé cerveau paléo-mammalien) et le cortex. Ce concept du cerveau triunique est aujourd'hui contesté, même s'il apparaît encore dans de nombreux ouvrages récents portant sur la gestion de crise. Ainsi, bien que cette approche soit aujourd'hui controversée, elle a le mérite de rendre plus accessible le processus de compréhension de nos états sous stress aigu.

Le premier cerveau s'avère donc être le reptilien, cerveau primitif, archaïque. Il aurait environ 400 millions d'années et daterait de l'époque où les poissons sortirent de l'eau pour devenir batraciens. C'est ce que l'on désignera comme le « petit cerveau », le cerveau responsable des pulsions élémentaires, qui gère nos besoins physiologiques et de sécurité. Ce dernier n'a qu'une ambition, assurer la survie, et, malheureusement, il ne retient pas les erreurs. Sa fonction est de programmer inlassablement les mêmes comportements, ceux dit instinctifs, tels que se battre, fuir ou ne plus bouger.

Ce sont ces mêmes trois réactions automatiques de stress face à des agressions perturbant notre équilibre naturel et mettant en jeu notre survie physique et psychologique que le médecin chirurgien et neurobiologiste Henri Laborit a définies.

Ainsi est défini le cerveau reptilien, incessamment aux aguets pour assurer sa mission : préserver la vie. Pourquoi reptilien ? Parce que son anatomie élémentaire se retrouve chez les reptiles. Néanmoins, ce cerveau permet, par la répétition, d'ancrer positivement des réponses réflexes pour faire face à un danger immédiat, utilisables dans le domaine de l'intervention, du sport ou de la self-défense.

Le deuxième cerveau se nomme système limbique ou cerveau paléo-mammalien, car il est apparu avec les premiers mammifères, il y 65 millions d'années. Il traite les émotions, les sentiments, la créativité, gère nos besoins d'amour, d'appartenance et de considération. Dans ce système, tout est soit désagréable, soit agréable, et la survie dépend de l'évitement de la douleur et de la répétition du plaisir. Le système limbique est le premier siège de l'émotion, de l'attention et des souvenirs.

L'homme « à quatre pattes » s'est ensuite redressé, il y a 3,6 millions d'années, date de l'arrivée des australopithèques, où l'apparition du cou a permis de libérer la boîte crânienne, créant un espace suffisant au développement d'un nouveau cerveau, le néocortex, venu modifier le comportement, ou plutôt l'enrichir d'une réflexion. Ce troisième cerveau est celui de l'analyse, de l'objectivité, du rationnel, de la logique. Il gère le besoin de se réaliser, de trouver un sens. Autrement dit, nous prenons de la hauteur et, face à un danger, nous anticipons.

En définitive, gérer ses émotions, c'est « monter dans son cortex et faire monter l'individu en crise dans le sien » pour faire réfléchir, car la raison s'oppose toujours à l'émotion.

Ayez le réflexe R.P.V.© pour en faire une habitude !

R.P.V. POUR RESPIRE, CHANGE TA PERCEPTION ET VISUALISE.

L'accélération du processus de gestion des émotions passera surtout par la phase de *Respiration*. Adopter une respiration contrôlée permet de ralentir rapidement son cœur, pour passer d'un état de colère et de peur à un état de calme et de plénitude.

Le stress se manifeste souvent par un souffle irrégulier, un souffle coupé ou ce symptôme de « la boule au ventre », contraction du diaphragme, considéré comme le muscle de l'émotion. Concrètement, pour atteindre le calme, l'expiration doit être plus posée, plus lente, plus longue que l'inspiration. Il est donc nécessaire de souffler un maximum pour vider les poumons, puis d'observer un temps de pause apnée poumons vides, qui va réduire le rythme cardiaque et changer instantanément les émotions pour renforcer la sensation de calme. Passez ainsi de l'émotionnel au rationnel.

Par conséquent, dès qu'une situation est perçue comme stressante, la première chose à faire est de respirer pour réguler le rythme cardiaque et équilibrer les systèmes nerveux sympathiques et parasympathiques.

Respirer et traiter après, et non l'inverse, qui est ce que nous avons le plus souvent tendance à faire !

Puis s'efforcer de *Percevoir* la situation sous différents angles, parce que c'est la perception et l'opinion que nous nous faisons des événements qui vont engendrer les émotions. Pas de bonne émotion, pas de bonne décision, pas de bonne action !

Mon ami Éric Jeanjean, négociateur de crise de la gendarmerie nationale, avait l'habitude d'affirmer que « la meilleure façon de gérer son stress reste de toujours envisager l'issue de la situation favorablement ». Dans le même état d'esprit, l'expression « On ne va pas insulter l'avenir ! » accrédite ses propos. L'optimisme nous donne de l'espoir et la foi.

Enfin, *Visualisez* toutes les futures actions. Imaginez-vous en train de faire, et de bien faire, comme si vous étiez l'acteur et réalisateur de votre propre film.

Nous savons désormais comment prévenir par notre organisation, par notre « savoir-être », mais il est extrêmement difficile de traiter avec une personne agressive pour ne pas alimenter davantage sa combativité.

Dès lors, ne soyez pas un obsessionnel de l'argument. Répéter en boucle les mêmes idées jusqu'à ce que l'individu se sente harcelé aura tendance à l'énerver. Si vous n'êtes pas entendu une fois, deux fois... passez vite à autre chose.

En ce sens, ne restez pas dans un conflit argumentatif stérile. Les joutes verbales ont leurs limites. Cessez de dire « noir » quand votre interlocuteur s'entête à hurler « blanc ». Demandez-vous plutôt – et demandez-lui ! –, pourquoi il dit « blanc » ? Il a sûrement raison, mais la « vérité est ailleurs ».

En fin de compte, la colère est-elle vraiment négative pour notre survie ?

Cette dynamique, identifiée et bien maîtrisée, nous donne, malgré tout, de l'énergie et permet de résoudre de nombreux problèmes. Elle nous motive pour surmonter les obstacles.

Guy Gilbert, prêtre catholique, éducateur spécialisé et écrivain, disait aux jeunes avec lesquels il œuvrait : « La colère et la haine font partie de vous, OK. Mais maintenant vous avez deux choix, soit vous la mettez dans la destruction de vous et des autres et c'est l'environnement qui va vous détruire. Soit vous mettez cette rage et cette colère dans quelque chose qui va vous construire. »

Le sentiment d'injustice change le monde. Les émotions sont de l'énergie, la colère c'est de l'énergie, la question est : qu'est-ce que l'on en fait ?

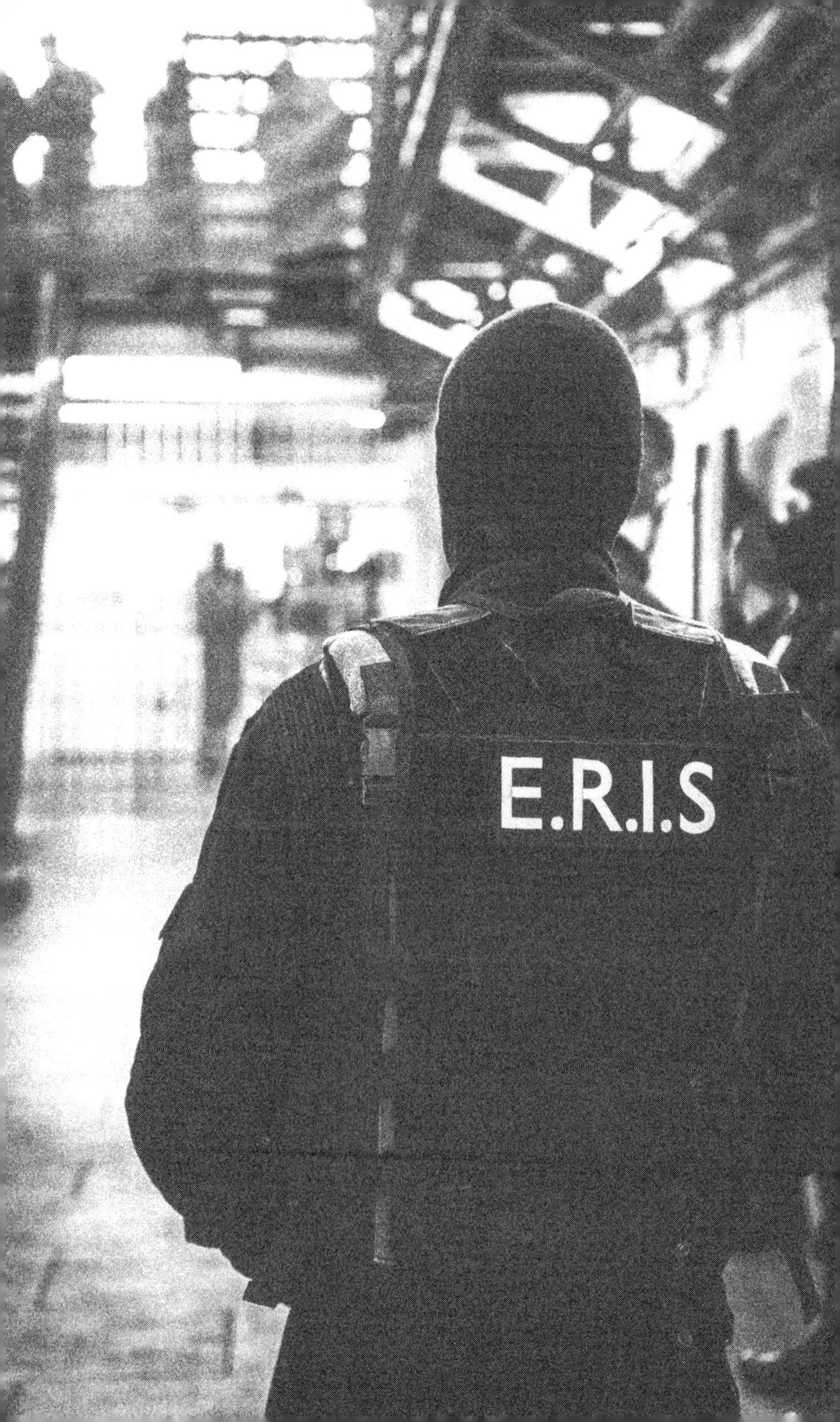
E.R.I.S

LE LIEN AU SERVICE DE LA COOPÉRATION

CHAPITRE 3

E COMME **ÉCOUTE**

P	— PRÉVENTION
E	— **ÉCOUTE**
A	— ATTITUDE
C	— COMMUNICATION
E	— ÉMOTIONS

CHAPITRE 3
LE LIEN AU SERVICE DE LA COOPÉRATION

—

A | DÉVELOPPER L'ÉCOUTE

« L'écoute est notre arme. » (devise des négociateurs du RAID)

Selon vous, quelle est la différence entre un bon négociateur et un bon vendeur ?

Nous avons tendance à les confondre, mais la nuance est réelle, puisque l'objectif est différent. Le bon vendeur va se focaliser sur la pertinence de ses réponses, tandis que le bon négociateur va se concentrer sur la pertinence de ses questions.

Demandez toujours « quel est son pourquoi ? », et vous pourrez alors connaître réellement les motivations de l'autre, et, par la même occasion, cela vous rendra plus sympathique, car l'être humain apprécie que l'on s'intéresse à lui !

> Le conférencier et écrivain Laurent Combalbert, fondateur de la cellule négociation du RAID, explique que, lorsqu'il a fait sa première négociation pour une entreprise privée, il avait 32 ans. Il s'agissait d'intervenir sur un kidnapping d'un collaborateur d'un groupe du CAC40 français. Laurent rentre dans la salle du comité de direction, le CEO se lève pour l'accueillir, lui serre la main et regarde derrière lui pour voir où se trouve le négociateur. Le directeur s'adresse alors à lui et, devant tout le monde, lui dit : « Vous n'êtes pas un peu trop jeune pour faire ce job ? »
> Laurent aurait pu lui dresser la liste de toutes ses expériences professionnelles pour en quelque sorte se justifier. Mais il a préféré lui poser une seule question... « Il faudrait quel âge pour faire ce job d'après vous ? »
> Le directeur, surpris, lui accorda alors importance et sérieux.

Avec une personne agressive, la persuasion tient surtout à la qualité de l'écoute.

Une agression verbale, directe ou cachée, a pour but de vous déstabiliser ou de tester votre réaction.

Si vous êtes surpris, vous n'aurez pas le mot, la phrase, la réponse la plus pertinente et la plus adaptée. Frustré, c'est vous qui agresserez en retour pour reprendre la main ! Que faire alors ?

La réponse est simple : écoutez votre interlocuteur ! Nous avons trop tendance, lors de débats houleux, à chercher à profiter du discours de l'autre pour préparer la réponse qui clora le débat en notre faveur... et qui par conséquent nous donnera raison ! Vouloir avoir toujours raison est une faiblesse bien trop humaine...

Le psychologue Carl Roger, créateur de l'écoute active, écrit : « Si je n'écoute pas votre point de vue, si je ne vous reconnais pas le droit de penser différemment de moi et si je ne prends pas en compte vos intérêts, il est plus que probable que vous ne voudrez pas interagir avec moi. » Alors enclenchez le dialogue et n'interrompez pas votre interlocuteur. Écouter l'individu, c'est dresser une passerelle vers l'apaisement. En ce début de troisième millénaire, à l'heure des courriels qui mettent à mal les relations humaines, l'écoute se perd. Les rapports authentiques, sincères, francs, se délitent. Qui prend le temps de parler à son voisin ? Qui prend le temps, au détour d'une rue, de faire une pause, d'échanger avec un inconnu ?

La course à l'individualisme bat son plein et le fossé social se creuse chaque jour un peu plus. Et pourtant, un regard, un mot, une question adressée, sur le trottoir, à un individu perdu dans l'émotion vont l'aider, lui permettre de faire chuter sa tension et d'évacuer la pression. L'écoute est une pièce importante de notre boîte à outils, de notre stratégie. Il faut laisser le temps : le temps de s'exprimer, d'évacuer la colère.

Il faut que l'autre ait la possibilité de verbaliser et de mettre des mots sur ses émotions. Un sentiment exprimé est un sentiment apaisé. Il devient alors maître de ses propos, comptable du temps. Par ailleurs, le faire discourir permettra de le comprendre et de cerner sa problématique. Et en s'exprimant ainsi, sans que son flot verbal soit interrompu, la fatigue va naître et il passera alors tout naturellement de l'émotion à la raison.

N'oubliez pas que, pour bien répondre, il faut savoir bien écouter.

L'écoute active doit donc impérativement être mise en place avec ses différentes techniques.

— *Les signes d'encouragement*
Ils consistent à pousser l'individu à plus s'exprimer, à apporter des détails à son histoire. Un simple « O.K. » ou « Ah bon » ou encore « Hum » sont des signes d'encouragement qui peuvent être également accompagnés par des hochements de tête.

— *La synchronisation verbale*
Elle consiste à reprendre les termes de l'individu. S'exprimer avec un vocabulaire identique lui donne la sensation d'être compris. À utiliser toutefois avec prudence et parcimonie. Pas d'insulte, soyez authentique, pas de rôle ou d'accent surjoué pour vouloir à tout prix ressembler à l'autre.

— *La question ouverte*
C'est une question à laquelle votre interlocuteur ne peut répondre ni par oui, ni par non, ni par une autre réponse courte. La question ouverte est introduite par « Où, quand, comment, qui, que... » En voici quelques-unes :
« Qu'est-ce qui se passe ? » « Qu'est-ce qui vous inquiète ? » « Quand vous dites qu'il faudrait... vous pensez à quoi ? » « Qu'entendez-vous par compliqué ? » « Qu'attendez-vous de moi ? » « Comment pourrais-je concrètement vous aider ? » « Selon vous, suis-je réellement le problème ? »

La question « Qu'est-ce qui vous fait dire ça ? », notamment, permet de calmer la paranoïa.

Dans tous les cas, par ces questions ouvertes, l'individu se raconte et nous intéresse, développe ses arguments, son discours et, dès lors, il demeure dans l'analyse pour quelques secondes de calme... Cette simple technique permet de faire disparaître la colère, de démontrer sa stabilité, de forcer l'interlocuteur à verbaliser et d'amoindrir les chances d'objection.

Une question amène une réflexion et une réflexion amène un changement.

— La répétition à la lettre

Également appelée technique du « miroir », elle consiste à répéter les derniers mots ou la dernière phrase prononcée par son interlocuteur :

« J'ai acheté un téléviseur le mois dernier, mais il ne fonctionne pas.

– Il ne fonctionne pas ? »

Ceci permettra de montrer tout naturellement notre intérêt pour le discours tenu et, par la même occasion, d'inciter au développement et à la précision pour mieux assimiler la problématique.

Dans le même ordre d'idée, la paraphrase ou la reformulation s'avère une arme efficace par la répétition du discours de l'autre :

« Si j'ai bien compris, vous avez acheté un téléviseur le mois dernier qui ne fonctionne pas... »

— La réflexion des sentiments

L'écoute active, c'est aussi savoir « refléter les sentiments » de l'autre, autrement dit mettre des mots sur son ressenti.

« Vous m'avez l'air en colère. C'est bien ça ? Vous êtes en colère ? Vous êtes inquiet ? »

Des questions qui transcrivent notre compréhension et permettent au destinataire de rationaliser les émotions : car si j'ai cerné son émotion, il se sent compris.

La source du conflit peut ainsi être résumée en revenant à l'essentiel et en associant les émotions de l'autre à nos propres mots : « Si j'ai bien compris, vous avez acheté un téléviseur chez nous le mois dernier, il ne fonctionne pas et cela vous met en colère... »

Au final, nous nous efforcerons de lui faire admettre qu'il est un individu normal, qu'il n'est pas un extraterrestre et que d'autres personnes, à sa place, auraient ainsi été troublées, irritées par ce qu'il vit. Dans les techniques d'écoute active, cela se nomme la « normalisation ».

« C'est normal d'être en colère, d'être triste dans votre situation... » « Personne n'apprécie de ne pas se sentir respecté... »

— *Le silence*
Enfin, le silence est une carte importante dans la relation à l'autre. Il existe deux types de silence : le silence vide et le silence plein. Le silence vide exprime l'idée que tout a été dit ou plutôt que nous n'avons plus rien à nous dire. C'est une forme d'impasse et il faut alors songer à réagir rapidement, à combler ce silence, à trouver des arguments.

Le silence plein, quant à lui, transcrit un questionnement et correspond au moment où l'interlocuteur cherche ses mots, une solution. Ce dernier se trouve alors sur une espèce de tremplin, de pont psychologique vers son cortex, vers la réflexion, le rationnel, la logique. L'émotion va le quitter pour que la raison prenne le dessus.

Ce silence plein doit être entretenu, prolongé. Il est nécessaire de le laisser durer pour que, de la réflexion, on aboutisse à l'apaisement.

Zénon de Citium, philosophe grec, assurait que, « si la nature nous a donné une bouche et deux oreilles, c'est qu'il faut consacrer deux fois plus de temps à écouter qu'à parler. » Et pour Marc Aurèle, empereur et philosophe romain : « Il faut se retenir de juger trop vite. Il faut d'abord essayer de comprendre ce que dit l'autre, quels sont ses principes, pourquoi il agit de cette façon. Il faut entrer dans sa logique et c'est seulement si on découvre que cette logique est défaillante qu'on pourra lui montrer qu'un autre point de vue existe et qu'il est peut-être plus

---

> Lorsque nous parlons, notre rythme cardiaque et notre tension augmentent, notre organisme se trouve en état d'excitation. Lorsque nous écoutons, notre rythme cardiaque et notre tension diminuent. Une personne à l'écoute dépense moins d'énergie que celle qui parle, s'explique ou crie. Cette économie nous permettra alors, et ce avec pertinence et conviction, de prendre la parole face à un individu épuisé par sa phase passionnelle.

pertinent. Ce qui est important c'est de prendre le temps de l'écouter avant de le juger. »

Lorsque vous aurez assimilé ces principes, vous optimiserez votre écoute. Ne soyez jamais certain de détenir la vérité et acceptez l'autre dans sa différence. Ne procédez jamais à aucune évaluation à l'aune de vos propres critères de valeur et n'interprétez ni ne transformez les propos. En se centrant sur l'autre, en lui étant proche, en l'écoutant, un sentiment d'empathie va naturellement se créer.

L'empathie et l'instauration du rapport de confiance

L'empathie nourrit le besoin d'être compris, favorise l'absence de jugement et facilite la compréhension mutuelle. À titre d'exemple, si une personne est envahie par la nostalgie en racontant une histoire, alors je vais comprendre ce qu'elle ressent ou ce qu'elle a ressenti et le lien va se créer.

L'empathie est ainsi un des meilleurs outils de résolution de conflit : c'est la capacité de se mettre à la place de l'individu, de vivre ce qu'il vit, de le comprendre en percevant et en identifiant ses sentiments et ses émotions sans pour autant adhérer totalement à la personne ou à ses actions passées.

Il faut prioritairement appréhender les raisons qui amènent une personne à agir d'une certaine façon ou à avoir des réactions particulières, avant même de porter un jugement.

Il est ainsi très important de comprendre que les gens n'exécutent pas des choses pour se détruire, mais parce qu'ils pensent que c'est ce qu'il y a de mieux pour eux. À titre d'illustration, lorsqu'une personne prend une décision, elle est convaincue que son choix est le meilleur. Autrement, cette dernière chercherait une autre alternative.

Donc, avant de vous faire une opinion sur son comportement ou sur son action, assurez-vous de bien comprendre ses raisons.

Dans un environnement de plus en plus digital, la dimension empathique soignera dans le futur les lacunes relationnelles et les vides affectifs. Richard Branson, fondateur de Virgin, a écrit que « le Business sera humaniste ou ne sera pas. » Je compléterai en ajoutant que « son management sera empathique ou ne sera pas ! »

L'empathie est contraire à l'apathie, qui est l'incapacité à s'émouvoir. Il faut également se garder de la confondre avec la sympathie, très négative dans la communication, puisqu'elle consiste à s'identifier au sentiment de l'autre (pleurer avec une personne qui me raconte son histoire, par exemple).

> La compréhension des réactions d'autrui peut favoriser la sérénité en ne se positionnant pas en sauveur, mais en répondant réellement aux besoins de l'autre, pas à ce que nous imaginons être ses besoins.

L'empathie va créer un lien authentique et sincère qui permettra par la suite d'influencer positivement le changement de notre interlocuteur en installant avec lui un rapport de confiance. Inconsciemment, l'individu va penser : « J'ai le sentiment que cette personne comprend ce que je vis : si elle comprend ce que je vis, c'est qu'elle me ressemble, si elle me ressemble, c'est quelqu'un de bien, et si c'est quelqu'un de bien, je peux lui faire confiance ».

Créer le lien, c'est instaurer le rapport de confiance.

Les piliers du lien

Toute négociation efficace s'initie par la création d'une attache entre les individus. Le lien est un besoin élémentaire, nous sommes des animaux sociaux et nous nous épanouissons dans l'amour. Nous n'avons pas à apprécier un individu pour nouer un lien avec lui : tout ce dont nous avons besoin, c'est d'un objectif commun.

Au contraire, les agresseurs qui passent à l'acte perçoivent les autres comme des objets ; ils agressent dans un état de détachement ou de lien brisé.

Trois piliers sont nécessaires pour construire ce lien : la *bienveillance*, l'*intégrité* et la *capacité* (à faire quelque chose). Pour parvenir à le conserver, il ne faut absolument jamais trahir les deux premiers piliers. Seule la capacité à faire peut-être remise en cause : « J'ai fait tout ce que j'ai pu, mais ce n'est pas moi qui décide... »

C'est sur le lien que se construit la réussite sociale avec l'autre, et même si l'on ne se sent pas d'affinité avec lui, nous devons nouer ce précieux lien. L'important est d'avoir un objectif commun à partager et d'aller vers l'autre pour obtenir de la valeur ajoutée.

Une fois le lien créé, celui-ci va permettre d'influencer positivement, avec intégrité, la coopération, qui consiste pour chaque partie à faire un pas vers l'autre afin de trouver un terrain d'entente, ou la coopétition, qui consiste pour chaque partie à faire un pas vers l'autre afin de créer ensemble de la valeur en laissant de côté les individualités.

B | UN INDIVIDU EN CRISE VA ABDIQUER FACE À UN AUTRE HOMME, ET NON PAS POUR UNE INSTITUTION OU UNE ORGANISATION. DEUX HISTOIRES HUMAINES.

Je le fais pour toi, chef

Au cours d'une intervention, un détenu retranché en fond de coursive et armé d'un couteau avait tenté de prendre en otage un « auxi » (détenu rémunéré par l'administration pour faire le ménage à son étage et distribuer les repas), qui, blessé, s'était débattu et enfui. L'homme, à présent seul, l'arme à la main, hurlait dans un français très approximatif qu'il « planterait » le premier qui approcherait... bloquant ainsi toute la détention. Je me remémore mon moment d'arrivée sur l'étage face à lui, seul, l'équipe locale d'intervention n'étant pas encore sur les lieux.

Dans ce genre de situation, une phase de flottement doit être acceptée pour une gestion plus facile. Le détenu ne parle pas très bien notre langue, mais je le connais, et c'est un avantage. Je lui ordonne de lâcher son arme. Il refuse et hurle encore plus fort ; je renouvelle ma demande, il s'énerve. Une communication parallèle s'est établie et ne fonctionne pas. Un individu en crise n'est plus la même personne et ce qui fonctionnait au quotidien pour le gérer n'est plus efficace.

Je change alors de stratégie pour me centrer sur sa personne et lui demande : « Mais pourquoi vous avez ce couteau ? Vous vous sentez en insécurité ? Vous avez peur ? De qui, de quoi ? Vous êtes en colère : pourquoi ? Racontez-moi. »

Un silence s'installe... Un silence plein. Puis il m'explique qu'il va être reconduit à la frontière et qu'il ne veut pas retourner dans son pays.

Je ne comprends pas tout, mais je le laisse parler, verbaliser, il me raconte son histoire, il crie et il pleure.

À la fin de son monologue, je ne sais quoi dire, car cet homme va être reconduit de gré ou de force et je souhaite éviter qu'il agresse volontairement un agent pour rester à nouveau sur le territoire français. Alors je ne tente rien, je le regarde, je suis présent... l'implication est plus forte que les mots, il me regarde et, épuisé, lâche le couteau à terre en me disant : « Je le fais pour toi, chef ». Et il s'effondre en larmes.

Un individu en crise ne se rend pas à une institution, il se rend à un autre individu.

Et c'est identique dans le monde professionnel : j'ai contacté des collègues ou j'ai été moi-même appelé en weekend ou en congés pour revenir travailler et, régulièrement, j'ai entendu ou dis : « Je le fais pour toi ».

Gary Noesner, ancien chef de la FBI Crisis Negociation Unit, explique que, lorsqu'on demande aux auteurs de prise d'otages quels propos le négociateur a tenus pour les convaincre de sortir, ils répondent presque toujours : « Je ne me souviens pas de ce qu'il m'a dit... mais j'ai aimé la façon de le dire. »

Je le fais pour vous, Monsieur le Directeur
(par Pierre Raffin, directeur des services pénitentiaires)

Il fait encore bien sombre par ce petit matin d'octobre.

Une pluie fine se mêle à la grisaille de la ville. La prison s'éveille.

Pas le temps de philosopher sur la météo, l'alarme retentit, stridente, lancinante, tandis qu'un appel du poste central nous informe de la situation.

L'agent qui terminait la ronde de fin du service de nuit vient d'apercevoir une silhouette sur le toit du bâtiment.

Malgré la pénombre, il en est persuadé. C'est un surveillant d'expérience.

Avec le chef et le premier surveillant, nous nous précipitons vers le secteur indiqué.

L'agent est là, il n'a pas cessé d'observer. Il nous indique l'extrémité du toit.

On distingue un individu, vêtu de sombre, qui ne cherche même plus à se dissimuler.

Immobile, il semble attendre.

Impossible de l'identifier à cette distance.

Nous pensons tous les trois à la même chose : l'évasion.

Et pas n'importe quel type d'évasion !

Il faut dire qu'à cette époque, l'idée de se « faire la belle » au moyen d'un hélicoptère commençait à traverser l'Atlantique et n'était plus l'apanage des détenus des US.

Une évasion par les airs, pour l'avoir connue quelques années auparavant, ça va vite, très vite !

Immédiatement, le gradé se précipite en direction du poste central afin de mettre en alerte les forces de l'ordre et rassembler nos agents prêts à intervenir.

Nous n'avons pas le temps d'attendre l'arrivée de renforts spécialisés (d'autant plus qu'à cette époque, nos précieux ERIS n'existaient pas encore).

Regards croisés avec le chef, pas besoin de se parler, nous nous comprenons.

Il faut y aller avant que l'engin ne se pointe à l'horizon.

Nous récupérons une bombe lacrymogène et j'accroche une paire de menottes à mon poignet comme nous le faisions à l'époque.

Pour accéder aux combles, il existe un escalier. Facile.

Depuis les combles, il faut se hisser sur le toit par une trappe. Moins facile.

Le toit est pentu et le bâtiment bien haut.

Et cette foutue pluie qui n'arrange rien.

Sur le toit, le détenu nous aperçoit, il nous observe mi-étonné, mi-amusé.

Je le connais bien, il s'agit de R., un détenu de la « vieille école », très en forme pour sa cinquantaine.

Il est quand même condamné à « perpète ». Je sais qu'il n'a pas grand-chose à perdre. Il me l'a confié à plusieurs reprises : il ne finira pas ses jours en prison.

J'ai de bons rapports avec ce détenu : si on est carré et « réglo » avec lui, il en fait de même.

J'essaie de garder mon calme, je fais mine d'être détendu (même si je suis loin de l'être !).

Je l'appelle :

« R., c'est bon, maintenant, c'est râpé. »

Je bluffe :

« L'hélico ne viendra pas, vos gars ont été interpellés et de toute façon en bas nous l'attendons avec ce qu'il faut ! »

Aucune réaction.

« Allez, venez sans faire d'histoires ! »

R. me regarde, goguenard.

« O.K., mais vous venez me chercher. »

Je regarde le chef.

« J'y vais, il ne va pas nous la faire à l'envers. »

À la mine du chef, je comprends qu'il trouve l'idée mauvaise. Du coup, j'hésite, je ne suis plus si sûr de moi.

« Alors, vous vous dégonflez ? Je reste ! »

Ah ego, quand tu nous tiens...

L'élémentaire prudence aurait été d'attendre, de « jouer la montre ». Après tout, la situation était sous contrôle.

Piqué au vif, ne voulant pas être en reste, ne voulant surtout pas perdre la « face », je m'avance, pas très rassuré quand même.

Je progresse lentement, R. m'observe.

Presque arrivé à sa hauteur, il me lance :

« Vous avez du cran ! »

Du tac au tac, je lui réponds :

« Moins que vous. »

(Il faut dire qu'il avait pris des risques énormes, suspendu à vingt mètres du sol, accroché à une tyrolienne de fortune confectionnée avec... un manche à balai !)

« Bon, vous venez avec moi maintenant ! »

Et sans attendre la réponse, je verrouille la menotte autour de son poignet.

J'avais gagné. Ou du moins je le croyais...
Au même instant, une fraction de seconde, mon cerveau enregistre simultanément le regard de R. et le claquement de la menotte.
Trop tard, l'erreur est commise, il est impossible de revenir en arrière. Notre sort est désormais lié.
C'est lui qui a gagné, il est intelligent, il le sait. Sans se départir de son sourire, il me lance :
« Alors, monsieur le directeur, on saute ? »
Un blanc.
Que voulez-vous dire, vous vous êtes mis tout seul dans le pétrin, comme un débutant.
« Comme vous voulez, R. »
Il fait un peu durer le suspense, puis finit par dire :
« On rentre à la maison, je le fais pour vous, Monsieur le Directeur, j'ai joué, j'ai perdu. Ne comptez pas sur moi pour vous balancer quoi que ce soit. Je ne dirai rien, vous le savez. »
« Je ne vous demanderai rien, R. »
Il a été transféré immédiatement, je ne l'ai jamais revu.

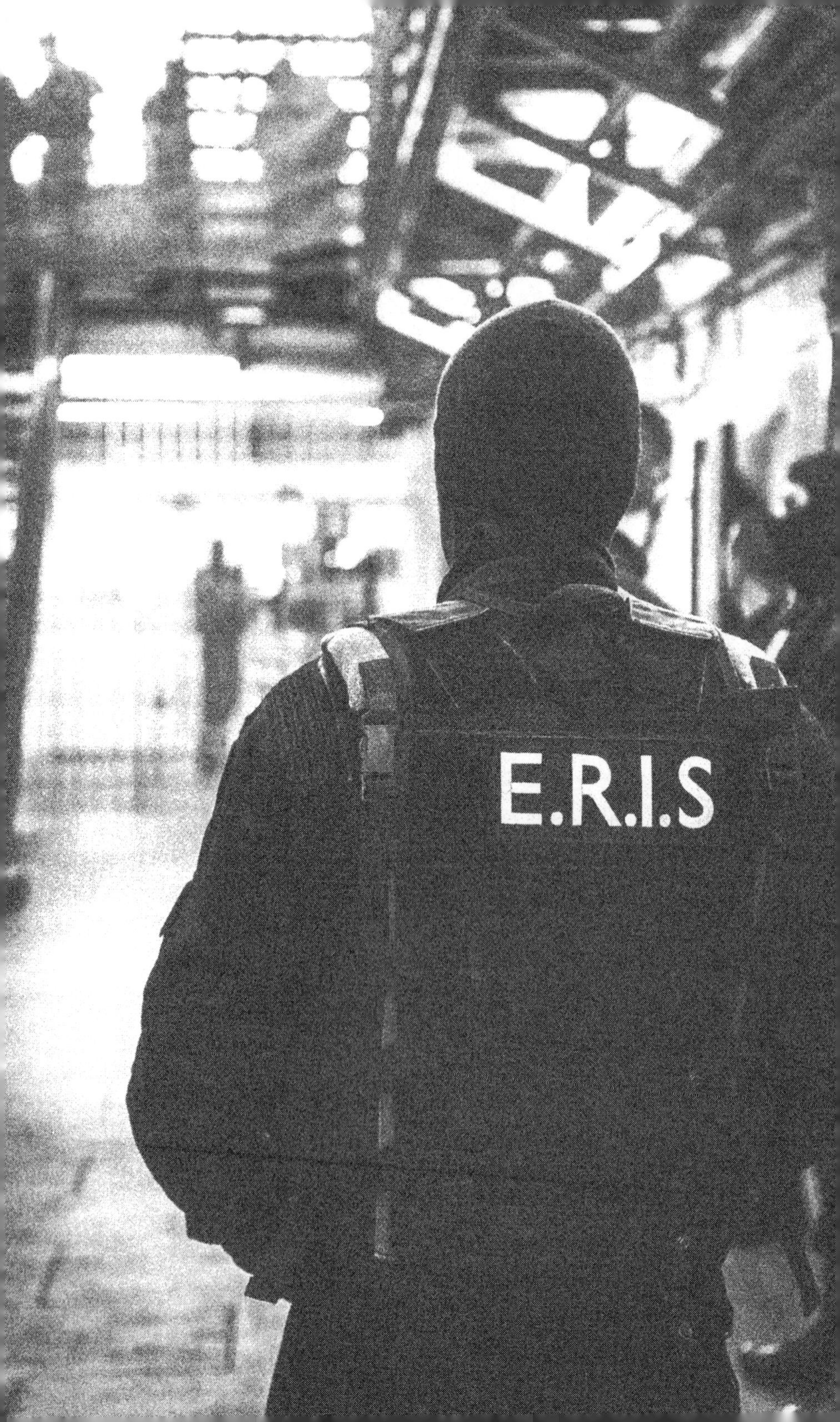
E.R.I.S

LE SAVOIR-ÊTRE DANS LE CONFLIT

CHAPITRE 4

A COMME **ATTITUDE**

P	— PRÉVENTION
E	— ÉCOUTE
A	— **ATTITUDE**
C	— COMMUNICATION
E	— ÉMOTIONS

CHAPITRE 4
LE SAVOIR-ÊTRE DANS LE CONFLIT

« Les relations humaines sont fondées soit sur la confiance, soit sur la méfiance. »

Thomas d'Ansembourg analyse avec justesse que les rapports non violents, dans la pratique, demeurent difficiles à entretenir. La cause, souligne-t-il, tient à notre rapport problématique au temps : téléphone portable, réseaux sociaux, info en continu et culte de l'urgence. Aujourd'hui, tout semble impératif. Mais faites le tri : tout n'est pas prioritaire.

Aller trop vite favorise l'agressivité ! Apprenons d'abord à pacifier le temps.

En détention, nous sommes souvent dans une démarche d'action-réaction, ce qui est parfois nécessaire pour stopper toute propagation de violence. Il est cependant essentiel de différencier deux types de situation.

Celles gérées instinctivement, par réflexe, pour se défendre, fuir ou venir en aide, et celles pour lesquelles le temps constituera un véritable atout. Dans ce second cas de figure, soyez attentif et prenez du temps pour l'autre, il vous le devra…

Ne soyez pas pressé, respectez son rythme ! Cela permet de construire une relation authentique. L'individu reste maître des aiguilles. Ne pas précipiter les choses et aller à son rythme est l'une des clés de la réussite.

A | L'APOG, OU ATTITUDE POSITIVE DE GESTION

Provocations, insultes, cris... le conflit atteint son apogée, la situation nous échappe. Nous devons nous adapter TRÈS rapidement, car l'individu peut être dangereux et violent. Il est nécessaire d'adopter rapidement notre APOG (Attitude POsitive de Gestion).

Au paroxysme du conflit, l'individu se situe dans une phase passionnelle extrême et éprouve un niveau d'émotion élevé. Très agité, son discours est rapide, son ton de voix est élevé, il hurle, se comporte de façon agressive, commet ou peut commettre des actes de violence.

Dans un premier temps, tâchez de préserver votre calme. C'est le maître mot. Si rien n'est jamais simple, sachez que rester maître de soi induit une meilleure capacité à s'exprimer. Le calme prépare la communication.

Pour autant, soyez très prudent. Mettez-vous à l'abri des coups. Respectez sa sphère psychologique, ne rentrez pas dans son espace, ce qui pourrait être perçu comme une agression, et faites en sorte qu'il en soit de même pour vous.

Il faut commencer par rassurer l'individu en crise en lui faisant comprendre « qu'il est le plus fort, qu'il n'a pas besoin de passer à l'acte pour qu'on le prenne au sérieux » et... qu'il n'a pas à démontrer sa dangerosité ! Cette reconnaissance inconditionnelle de sa puissance doit le rassurer, le calmer.

Soyez conscient que, dans ces états émotionnels extrêmes, les personnes en crise ont une perception biaisée de leur situation : ils ont l'impression qu'elle est permanente et durera indéfiniment, qu'elle est désespérée, mais également qu'elle est « omniprésente », étant la seule chose qu'ils ont à l'esprit. Essayez de relativiser leur perception de la situation. Vous pouvez alors les questionner en ce sens : « Quelle importance cela aura-t-il dans quelques mois, un an, cinq ans, dix ans ? » « Quelle est réellement la pire chose à laquelle cela peut aboutir ? »

Enfin : « Quelle est réellement la chose la plus importante dans la vie ? »
Soyez optimiste sur la résolution du problème... étape par étape, car l'optimisme est communicatif, à l'image de la confiance en soi ou du stress : « Je suis convaincu que nous allons trouver une solution. »
Personne n'aimant être convaincu, il est nécessaire que l'individu envisage de lui-même le fait que la meilleure issue reste de stopper ce processus de violence. Pour ce faire, et nous l'avons déjà évoqué, intéressez-vous à lui et à son problème ! Un individu agressif ou revendicatif cherche avant tout à être reconnu. Conduisez-le donc à verbaliser ses émotions, à faire éclater sa colère, pour qu'ensuite, fatigué, il revienne à un mode de fonctionnement plus rationnel.
Sachez par ailleurs qu'une personne qui parle, revendique, explique le pourquoi de sa colère, a peu de chance de passer à l'acte. Il est impossible de réaliser ces deux choses à la fois.
Ensuite, l'individu va commencer à se fatiguer, le ton va baisser, son visage va se décrisper... progressivement, le rapport de force va s'équilibrer. Et il évoquera les conséquences de son acte dans de bien meilleures conditions pour que nous puissions lui proposer des solutions.

Comment s'adresser à l'autre ?

— *Soyez respectueux !*
Lors de ce processus, concentrez-vous sur le « bien dire » plutôt que sur le « quoi dire ». Ayez toujours en tête de respecter la personne malgré ses écarts de comportement : ne jamais la tutoyer (en tout cas pas au début de la prise de parole), l'interpeller par « monsieur », s'adresser respectueusement à elle. Cette attitude participe à la recherche de ce que l'on nomme « l'effet miroir », qui doit conduire la personne à « imiter » mon registre de

langage. En le traitant respectueusement, j'incite l'individu à devenir lui-même respectueux, malgré lui, puisque je me montre irréprochable, rendant toute action négative (ou odieuse) de sa part encore plus illégitime.

— *Faites simple !*
Encore une fois, faites simple ! Sujet – verbe – complément. Dans la phase d'alarme de stress aigu, vous n'aurez pas toute la pertinence ni la réponse à son agressivité. De plus, en situation de stress aigu, votre sang priorise votre activité cardiaque, par conséquent votre cerveau est moins irrigué et les neurones chargés du raisonnement, de la mémoire et du langage se connectent moins facilement : ne vous lancez donc pas dans une construction de phrase alambiquée, tortueuse, dont vous perdrez le fil à coup sûr.

— *Adoptez une bonne gestuelle !*
Les gestes sont également essentiels. Associez les mots, les actions à votre gestuelle pour renforcer votre discours : « Monsieur, venez avec moi, asseyez-vous et racontez tranquillement ce qui vous arrive... » Les mains doivent être bien visibles, ouvrir les avant-bras pour faire preuve de bonne volonté, marquer la sincérité, obtenir une adhésion totale et absolue. Dissimuler ses mains peut provoquer, chez l'autre, une impression négative. Il faut toujours garder à l'esprit que les mains peuvent aider à se dégager d'une situation délicate, autrement dit, avec les mains il est possible de repousser l'autre et fuir. Alors parlez avec les mains, à l'italienne !

— *Les pièges à éviter*
Dans l'expression orale, il convient d'éviter certains pièges. Ne dites pas « calmez-vous », préférez « expliquez-moi tout ça tranquillement ». Jouez sur la notion de « pouvoir faire » plutôt que de « vouloir faire ». Dans « pouvoir faire », le doute est créé, la personne peut le faire si elle le souhaite. Au contraire, le fait de lui demander

CHAPITRE 4

A COMME ATTITUDE

> **Typiquement, nous pouvons observer trois grands types de menaces.**
>
> En début de conflit, la menace est appelée **proactive** : « Je vous préviens, je ne suis pas là pour rire ! Si je n'ai pas ce que je veux, ça va aller mal ! Très mal ! » L'objectif ici est de rassurer notre interlocuteur ! « Ne vous inquiétez pas, soyez rassuré… »
>
> Vient ensuite la menace **réactive** : « Si vous dites à nouveau que ma fille redouble parce qu'elle a 4 de moyenne, je vais tout casser en salle des profs ! » L'idée, bien sûr, est de faire retomber la pression. Cerner la limite du supportable et exposer des pistes de résolution. Pour notre exemple, expliquer qu'une commission d'appel prendra en compte les difficultés de l'élève.
>
> Enfin, vient la **menace elle-même** : « Quoi, ma gamine redouble ! Je vais tout péter ! » Le passage à l'acte est imminent. Il est urgent de rassurer l'individu en montrant son implication et en lui rappelant les avancées factuelles concernant la situation de l'élève.

si elle « veut faire quelque chose » va décupler son sentiment de révolte.

Remplacez « vous avez peur » par « vous êtes inquiet », « je comprends » par « c'est compliqué pour vous, ça doit être difficile » ou « je comprends tout ce que vous m'expliquez ». Privilégiez le « oui et » ou « oui, en même temps » au « oui, mais », qui, dans ce contexte précis, parasite la coopération, le changement, l'écoute. La personne qui reçoit « oui, mais » éprouve de la frustration et de l'agacement, puisqu'un ressenti est affiché sans essayer d'interpréter celui de l'autre.

Autre subtilité de langage qui a déjà été évoquée : ne vous fixez pas votre propre ultimatum. Si vous annoncez que « ce problème sera réglé dans dix minutes », l'individu pourrait se fixer sur la notion de temps. Or, dans le cas où la solution ne serait pas apportée dans le temps imparti, cela pourrait entamer votre sincérité et votre crédibilité.

Comment gérer l'ultimatum ?

L'ultimatum permet à l'individu de reprendre le contrôle de la situation : « Si dans 5 minutes je n'ai pas une réponse claire de votre part, je casse tout dans ce magasin. » L'ultimatum reste généralement une tentative de reprise de contrôle de la part de l'interlocuteur. Vous devez le rassurer, lui montrer que c'est lui qui garde l'initiative dans la relation et que vous allez faire tout ce qui est en votre pouvoir pour l'aider à résoudre son problème.

Sachez qu'être convaincu, c'est être convaincant, alors argumentez, avec énergie, pour faire passer l'heure de son l'ultimatum : « Pourquoi un délai si court ? Je vais tout faire pour vous apporter une réponse rapidement, monsieur… soyez patient, il me faut plus de temps, ça serait dommage d'en arriver là, personne ne veut ça ! Regardez ce que je vous ai obtenu… »

Revenez sur les avancées factuelles à la résolution de son problème et énumérez tout ce que vous avez fait pour lui.

CHAPITRE 4

B | LA SITUATION MONTE EN INTENSITÉ, PRENDRE SOIN DE SOI POUR FAIRE FACE !

Je ralentis mon rythme cardiaque...

Je respire profondément, lentement, pour ralentir mon rythme cardiaque. Comme décrite dans les TOP®, la technique de respiration relaxante consiste à expirer plus longtemps que ce que vous inspirez la même quantité d'air pour ralentir les battements de votre cœur afin de vous calmer et de prendre de la hauteur. Vous pouvez également associer un temps d'apnée poumons vides pour accélérer ce processus suivi d'un discours interne adapté comme « Allez, calme-toi, tranquille... » ou d'une image de détente.

À l'inverse, si vous avez besoin d'énergie pour passer à l'action, vous pouvez pratiquer des respirations dynamisantes en inspirant au maximum de votre capacité pulmonaire et en expirant sur un temps court, bref, dynamique et puissant, qui va augmenter votre rythme cardiaque. À l'image de la respiration précédente, vous pouvez également associer à un temps de rétention d'air poumons pleins un discours stimulant comme « Allez, courage, 1,2,3 go ! » ou bien une image dynamisante pour accélérer le processus.

Je soigne mes pensées...

« Personne ne peut vous blesser autant que vos pensées. Mais une fois maîtrisées, personne ne vous aidera autant que vos pensées. » — Bouddha

Avec cent milliards de neurones, l'homme est une véritable machine à penser. Selon la National Science Foundation (NSF), nous avons 60 000 pensées par jour, soit une pensée toutes les secondes, et, parmi elles, 50 % restent identiques à la veille et, surtout, 80 % sont négatives. Nous avons dans l'inconscient collectif cette peur héritée de nos ancêtres primitifs qui en avaient la nécessité pour survivre dans leur monde hostile. Aujourd'hui, nous avons les mêmes réactions de survie face à une simple réflexion ou un mauvais regard ! Les compliments d'une journée peuvent être effacés par une seule réflexion négative qui va vous hanter toute la soirée, voire toute la nuit.

L'homme moderne n'ayant plus à affronter de véritables dangers pour survivre peut désormais comprendre l'origine inconsciente de la peur et de l'anxiété et utiliser en pleine conscience leur opposé, les pensées positives.

« Surveille tes pensées, car elles deviennent tes mots.
Surveille tes mots, car ils deviennent tes actions.
Surveille tes actions, car elles deviennent tes habitudes.
Surveille tes habitudes, car elles deviennent ton caractère.
Surveille ton caractère, car il devient ton destin. »
— Gandhi

Rééquilibrer positivement son dialogue et son discours internes permet de modifier rapidement ses pensées et ses émotions. Les pensées positives vont naturellement venir chasser les pensées négatives, notre cerveau ne pouvant avoir deux émotions simultanément. À titre d'exemple, il est impossible d'avoir peur et d'être heureux en même temps, de la même façon qu'il est impossible de douter et d'avoir confiance en soi.

Être un décideur

Posez-vous ces deux questions : « Qu'est-ce que je ferais si j'avais la certitude de réussir ? » et « Qu'est-ce que je compte faire à partir de maintenant pour reprendre le contrôle ? »

Il n'est pas simple de décider en situation de stress aigu pour passer à l'action. J'ai été également confronté à ce malaise de nombreuses fois, face à des individus dangereux, que ce soit dans la rue ou en détention. Décider face à l'agression, c'est décider sous tension psychologique forte, dans l'urgence et dans la peur... Et la peur n'est pas bonne conseillère.

Mais pourquoi est-ce si difficile de prendre une décision ? Pour comprendre et pouvoir répondre à cette interrogation, nous devons dans un premier temps différencier un choix d'une décision. En effet, un choix est rationnel et logique, fondé et explicable. Il consiste à comparer au moins deux choses sur lesquelles nous détenons toutes les informations et choisir celle qui répond le mieux à nos attentes. À titre d'illustration, si vous voulez changer de voiture, vous vous fixez alors un budget et comparez selon vos goûts et vos besoins tous les modèles proposés sur le marché.

Une décision, quant à elle, est toujours audacieuse et compense l'insuffisance d'informations factuelles par l'usage de nos connaissances et de notre intuition. Elle implique par définition la possibilité de l'échec. C'est l'inconnue dans l'équation et elle s'accompagne toujours de deux facteurs : le facteur chance et le facteur humain. Nous pouvons toujours réduire et isoler cette inconnue par notre expérience, nos compétences, nos connaissances, mais absolument pas la faire disparaître.

Toute décision s'avère donc par définition audacieuse. Ne pas supporter le risque, c'est se condamner à ne pas décider, ou à opter la peur au ventre, et donc à mal décider. Nous souffrons parce que nous voudrions choisir là où la vie nous demande de trancher.

« Une décision, c'est comme un médicament avec ses risques et ses bénéfices. »
— Mike, ex-négociateur du GIGN

Apprendre à gérer son espace

Savoir gérer son attitude, c'est aussi savoir gérer l'espace. Où suis-je ? L'environnement m'est-il favorable ? Le conflit peut-il être repoussé ? Il est ainsi préférable de déplacer un entretien ou un rendez-vous dans un contexte plus favorable pour lui accorder de l'importance et donner de l'intérêt à celui qui nous fait face. Cette stratégie permettra également de nous préparer, de peaufiner la méthodologie pour aboutir à une solution.

Renvoyer le conflit dans le temps permet aussi de détendre l'autre et abaisser la tension. L'individu, en proie à un lourd malaise, ne sera peut-être plus tout à fait le même le lendemain.

Cependant, tous les conflits ne peuvent pas être différés, et la meilleure façon de gérer cette situation reste l'écoute, car c'est lorsque l'état émotionnel de l'individu en crise commence à s'apaiser que les mots peuvent entrer en action. Il faut alors trouver des mots pour rassurer, convaincre, des mots pour débattre plutôt que de se battre : des mots pour communiquer.

C | CONDUITE À TENIR FACE À UN INDIVIDU AGRESSIF

Pacifier en 5 phrases

1 | Comprendre et reformuler factuellement le problème : « **Si j'ai bien compris...** »
2 | Identifiez les émotions liées à sa problématique : « Cette **situation vous met en colère, vous inquiète...** »
3 | Rassurez la personne : « **Je vais m'occuper personnellement de votre situation et je m'engage à vous apporter une solution, une réponse...** »
4 | Si vous ne pouvez pas accéder à sa demande, appuyez-vous sur les faits, sur la loi, la réglementation, et donnez le sentiment à votre interlocuteur de lui laisser le choix entre deux alternatives : « **Malheureusement, ma hiérarchie ne m'autorise pas à faire cette action-là, néanmoins je peux vous proposer soit...... soit......**
5 | Enfin, donnez-lui le sentiment de pouvoir influencer le résultat, d'être maître de la situation : « **Après, vous faites ce que vous voulez, c'est vous qui décidez...** »

Résumé de la bonne attitude à adopter face à un individu agressif.

✓ Gardez une distance de sécurité, cela permet de ne pas « oppresser » le sujet en restant à l'abri d'éventuelles violences.
✓ Prenez toujours au sérieux ses menaces.
✓ Prenez de la distance avec vos émotions : respirez.
✓ Si vous êtes dans un état d'émotion extrême et si vous en avez la possibilité, faites une pause. Sortez, aérez-vous. En vous extrayant du débat, du problème, vous reprendrez le pouvoir sur vous-même et verrez les

choses différemment. N'hésitez pas à suggérer à votre interlocuteur de faire de même s'il le souhaite.
- ✓ Ayez une gestuelle adaptée ; une gestuelle d'ouverture et d'apaisement qui ne puisse pas être interprétée comme de l'agressivité ou comme un refus de communication. Parler avec ses mains peut permettre de se protéger ou de repousser l'agresseur pour fuir.
- ✓ Dissociez l'individu du problème (ce n'est jamais l'individu le problème).
- ✓ Les attaques verbales ne sont pas personnelles, vous n'êtes pas visé.
- ✓ Restez poli, calme et ne tutoyez jamais d'emblée, donnez-lui du « Monsieur ».
- ✓ Intéressez-vous à l'histoire de votre interlocuteur en lui posant des questions ouvertes, en reformulant afin de comprendre sa problématique. Développez la relation empathique.
- ✓ Respectez sa phase passionnelle, c'est la sienne, centrez-vous sur lui et faites-le parler, qu'il ventile ses émotions.
- ✓ Rassurez l'individu en crise et prenez-le en considération, en lui faisant comprendre que vous le prenez au sérieux, qu'il n'a rien à craindre de vous. Un individu agressif ou revendicatif cherche avant tout à être reconnu et écouté : pour lui, sa colère est légitime.
- ✓ Prenez le RER, soyez Respectueux, à l'Écoute et Rationnel. Adoptez un ton calme et bienveillant afin de favoriser « l'effet miroir ».
- ✓ Positionnez-vous en interlocuteur-médiateur afin de favoriser une solution pacifique (ce n'est pas vous qui décidez).
- ✓ Soyez patient et progressez par étapes (le temps est un atout).
- ✓ Privilégiez les formulations positives et utilisez des métaphores. Apportez de la perspective.
- ✓ Reformulez les demandes pour vous assurer de leur bonne compréhension.

- ✓ Donnez le choix : faites évoluer l'état d'esprit de l'interlocuteur, en lui faisant prendre une décision sans lui faire perdre la face.
- ✓ Examinez les faits, faites référence aux lois et aux règlements.
- ✓ Si des insultes sont exprimées, affirmez que ces propos vous dérangent. Et si l'individu apparaît dans une situation émotionnelle importante, faites une pause ou reportez l'échange si c'est possible.

Les erreurs à ne pas commettre face à un individu agressif

- ⊘ Contredire, couper la parole.
- ⊘ Manifester de l'impatience.
- ⊘ Tourner le dos, se laisser approcher.
- ⊘ Faire de grands gestes, hausser le ton.
- ⊘ Repousser les plaintes.
- ⊘ Donner des ordres.
- ⊘ Juger, moraliser.
- ⊘ Provoquer, attaquer frontalement.
- ⊘ Humilier, menacer et faire peur.

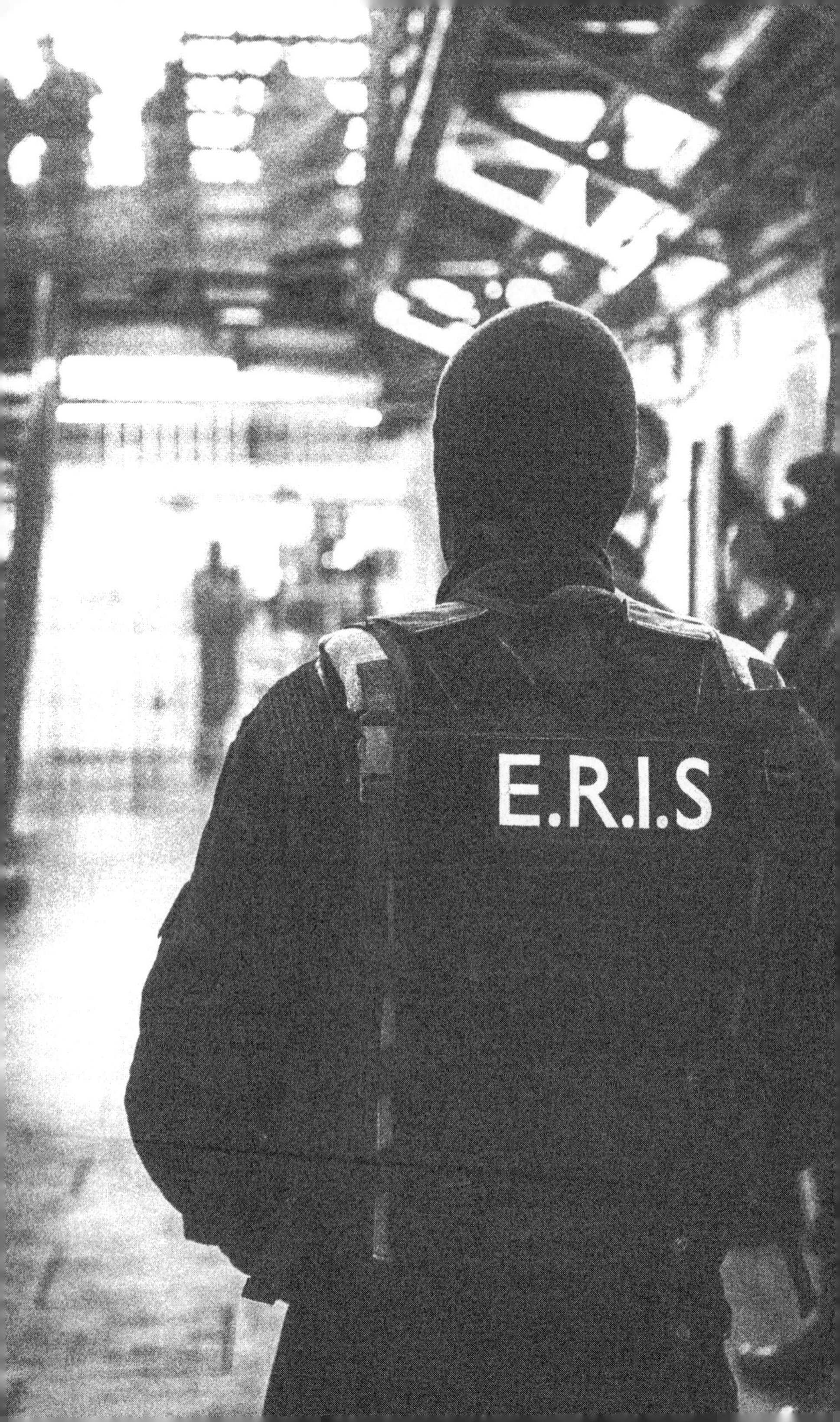
E.R.I.S

LA COMMUNICATION, UNE STRATÉGIE DE RÉSOLUTION

CHAPITRE 5

C COMME **COMMUNICATION**

P	— PRÉVENTION
E	— ÉCOUTE
A	— ATTITUDE
C	— **COMMUNICATION**
E	— ÉMOTIONS

CHAPITRE 5
LA COMMUNICATION, UNE STRATÉGIE DE RÉSOLUTION
―

« Il n'y a pas de réalité absolue, mais seulement des conceptions subjectives, parfois contradictoires du monde. »
— Paul Watzlawick, écrivain, psychothérapeute, sociologue américain et membre fondateur de l'école de Palo Alto

La capacité à prendre la parole sous stress est la clé d'une communication opérationnelle de crise réussie. Or, nous sommes nombreux à ne pas être à l'aise avec cette idée. En effet, un sondage d'opinion mené aux États-Unis a démontré qu'une des situations qui suscitaient les craintes individuelles les plus fortes s'avérait le fait de devoir s'exprimer en public. Pour information, dans le classement, celle-ci se situait avant « laver une vitre au 85ᵉ étage d'un building ».

Parce que le langage ne se contente pas de transmettre des informations, mais exprime en même temps une vision du monde, une manière d'appréhender la réalité et une vérité propres à chaque individu, il est capital de penser sa communication pour en faire un outil de résolution des conflits.

A | Attention à l'interprétation !

Lorsque nous sommes confrontés à une problématique, par facilité, nous avons une fâcheuse tendance à orienter la cause en fonction de la solution que nous possédons déjà. Or, il faut se garder d'appliquer immédiatement un remède qui a fonctionné pour d'autres : c'est prendre le risque d'apporter une « bonne solution » à une « mauvaise situation », car chaque situation est différente. Il faut prendre de la hauteur, au contraire, et faire preuve d'humilité, pour ne pas se laisser séduire par la facilité. Nous devons, malgré notre ego, réaliser cette démarche de compréhension qui permettra de résoudre réellement le problème et d'éviter de combler les inconnues d'une équation avec notre propre modèle du monde.

Nous ne jugeons pas un individu tel qu'il est, mais tel que nous nous le représentons, et c'est notre interprétation et nos opinions qui vont prédéterminer et orienter notre attitude, notre comportement et, par conséquent, notre communication.

Il faut chasser nos préjugés !

Le préjugé est un jugement qui condamne par avance notre interlocuteur. Il est souvent le fruit de l'éducation, de nos croyances et de notre expérience personnelle. Nous avons donc notre propre interprétation... qui n'est pas nécessairement la vérité. Le danger serait de croire que nous avons compris la situation sans prendre le temps de s'interroger correctement.

Notre modèle du monde nous est propre ! Nous sommes près de 8 milliards d'individus sur Terre, autrement dit près de 8 milliards de façons de voir le monde. Même au sein d'une fratrie, nous sommes différents. Nous n'avons pas la vérité, mais notre vérité, avec les arguments qui nous sont propres pour la défendre. Comprendre cet état de fait et chasser nos préjugés pour accepter l'autre dans sa différence nous permettra d'aborder une situation conflictuelle de la meilleure manière.

Les trois canaux de la communication orale

Nous partons du principe que les autres pensent comme nous. Nous sommes persuadés qu'ils comprennent nos dires et nos pensées, et réciproquement. Cette certitude peut engendrer de la frustration, de la tristesse ou de la colère quand nous constatons que nous n'avons pas été compris, ni même entendus.

Il y a parfois une grande différence entre :
- ce que je veux dire ;
- ce que je pense dire ;
- ce que je crois dire et ce que je crois devoir dire ;
- ce que je dis vraiment ;
et :
- ce que l'autre entend ;
- ce qu'il comprend ;
- ce qu'il croit comprendre et/ou croit devoir comprendre ;
- ce qu'il a compris finalement.

Et les choses peuvent se compliquer d'autant plus lorsque l'interlocuteur me répond, car, pour lui aussi, il existe une différence entre ce qu'il veut dire, ce qu'il pense dire, ce qu'il croit dire, ce qu'il pense devoir dire et ce qu'il dit vraiment.

La communication est sans cesse un jeu d'équilibriste, et de nombreux paramètres nous échappent. Alors, soyez humble et ne pensez pas toujours comprendre ou vous faire comprendre du premier coup.

La communication passe par trois canaux : le verbal (les mots et leur signification), le paraverbal (intonation et son de la voix) et le non-verbal (expressions du visage et du langage corporel). Selon le psychologue Albert Mehrabian, le verbal compte pour 7 %, le paraverbal pour 38 % et le non-verbal pour 55 % dans notre communication orale.

Soyez vigilant à ces fameux biais cognitifs, théorisés par les psychologues Amos Tversky et Daniel Kahneman. Les biais cognitifs sont susceptibles de fausser vos analyses en induisant presque inconsciemment un décalage entre votre perception et le monde réel, vous conduisant ainsi à prendre des décisions sans raisonnement ou analyse.

Sachez les identifier pour en tenir compte, car leur intervention peut être bénéfique ou néfaste selon le contexte.

— **Biais de confirmation** : rechercher et ne prendre en considération que les informations qui confirment nos croyances et ignorer celles qui les contredisent.

— **Biais d'ancrage** : utiliser la première information acquise sur le sujet comme référence.

— **Biais de disponibilité** : se contenter des informations qui sont déjà à notre disposition.

— **Biais d'attribution** : tirer des conclusions hâtives.

— **Biais d'autorité** : craindre de contredire les figures « d'autorité ».

— **Biais d'auto-complaisance** : s'attribuer le mérite de ses réussites et attribuer ses échecs à des facteurs défavorables.

— **Effet de halo** : faire une généralisation erronée à partir d'une seule caractéristique positive ou négative d'un objet ou d'un individu.

— **Biais de négativité** : donner plus de poids aux expériences négatives qu'aux expériences positives.

— **Biais de statu quo** : vouloir maintenir une situation dans son état actuel.

— **Biais de conformisme** : penser et agir comme les autres le font.

> **Biais du survivant** (Survivor Bias) : l'une des distorsions cognitives faisant l'objet des plus nombreuses recherches en psychologie, il s'agit de la tendance de l'être humain à se focaliser uniquement sur les personnes qui ont réussi en les prenant comme exemples, sans tenir compte de tous ceux qui ont échoué dans le même contexte. Cette focalisation pousse les gens à surestimer systématiquement leurs propres perspectives de succès.

— *Le verbal*

Les mots, nous le savons, sont des vecteurs d'émotions. Ils transmettent notre sensibilité, notre regard sur le monde ou encore notre état d'esprit. Un vocabulaire positif peut dès lors faire des miracles !

Remplacez :
- un « problème » par un « challenge » ;
- un « échec » par « de l'expérience » ;
- « essayer » par « donner le meilleur » ;
- un « projet » par une « aventure » ;
- le terme « fâché » par « agacé » ;
- « débordé » par « très demandé » ;
- « irrité » par « stimulé » ;
- la pensée d'être « rejeté » par celle d'avoir été « mal compris » ;
- « cela va être difficile » par « nous allons voir comment faire ».

Comme cela est décrit dans l'ouvrage de Laurent Combalbert et Marwan Mery *Negociator*, l'utilisation de mots facilitateurs permet de créer rapidement le lien et de flatter l'ego de la partie adverse :
- « Vous avez raison... » : l'être humain apprécie de se sentir supérieur et d'avoir raison.

- « Par rapport à votre expérience... » : une phrase qui va permettre à l'autre de se sentir important.
- « Je sais que vous êtes déjà au courant... » : c'est une caractéristique humaine que d'aimer savoir avant les autres ou d'être bien informé.

L'utilisation du « je » ainsi que des verbes d'action favorise l'implication et une dynamique positive et active : « je fais, j'écoute, je comprends, je gère, je réalise, je trouve, je choisis, je motive, je mets en place, je favorise, je propose... »

Sachez également user de métaphores, car, si les mots nous conditionnent, les métaphores nous subliment...

La métaphore est une figure de style qui, par comparaison implicite, va rapprocher un comparé et un comparant. Voici quelques exemples pour rendre cette définition plus parlante : « Ce vendeur est un véritable guerrier », « la vie n'est pas un long fleuve tranquille », « se sentir au bord du gouffre », « être à la croisée des chemins », « sortir la tête de l'eau », « voir le bout du tunnel », « le calme avant la tempête », « il n'y a pas de fumée sans feu », « faire ce premier pas vers le sommet de ton Everest », ...

À utiliser avec modération, au même titre que les dictons, les citations, les références cinématographiques ou les périodes historiques, la métaphore a le don d'influencer et d'impacter l'auditoire ou l'interlocuteur en quelques secondes.

— *Le paraverbal*

Le paraverbal, c'est le « comment dire », c'est-à-dire le ton, l'intonation, le rythme, le débit. C'est le silence également, plus longuement évoqué dans le chapitre 3, qui peut créer une ambiance, une atmosphère. Nous sommes sur la forme et non plus sur le fond.

Le paraverbal va pouvoir être utilisé pour faire naître la confiance chez l'autre. Quoi de plus apaisant qu'une voix calme, posée ? La mélodie des mots a un bien meilleur impact en communication, surtout si nous ne voyons pas la personne (par exemple au téléphone). Lorsque nous parlons à un animal domestique, il ne sait pas ce que l'on dit, mais, par les intentions et par la façon dont nous nous exprimons, il sait s'il doit s'asseoir, partir ou revenir, si nous sommes en colère ou heureux. Une forme d'adhésion s'opère, et un éventuel pouvoir de persuasion. La voix, le timbre, le volume sont, en outre, des armes extraordinaires. Et cette fluidité du langage sera plus efficace avec la ponctuation, qui, selon la façon dont elle est utilisée, peut changer le sens d'une phrase. Il faut aussi travailler sa voix, sachant qu'il est possible d'influencer sans avoir à parler : une attitude, un vêtement, un regard, un sourire...

— *Le non-verbal*
Le troisième canal de communication est le non-verbal, soit le mouvement du corps, l'attitude et les gestes. C'est le premier mode de communication de nos sentiments et de nos émotions. Tandis que les mots transportent des sens, des signifiants, le non-verbal véhicule du signifié. Pour la journaliste canadienne Michèle B. Tremblay : « La communication non verbale correspond à ce qui se passe en nous au moment où nous disons les choses, à ce qui nous habite comme pensées, comme émotions, comme sensations qui transparaissent à travers notre corps. »

Paul Ekman, psychologue américain, révèle que tous les êtres humains, du Japonais de 8 ans au Papou de 89 ans en passant par la New-Yorkaise de 55 ans, possèdent les mêmes micro-expressions du visage. Ce sont des expressions brèves et involontaires qui traduisent les émotions vécues. Contrairement aux expressions faciales, les micro-expressions sont difficilement imitables. Plusieurs durées ont été avancées concernant les micro-expressions, du quinzième de seconde à une demi-seconde. Ainsi, les micro-expressions sont identiques pour chaque individu sur terre : nous activons tous les mêmes muscles pour exprimer et vivre l'une de ces sept émotions que sont la joie, la tristesse, la colère, la peur, le dégoût, la surprise ou le mépris.

Nous allons nous intéresser plus précisément à deux de ces émotions, la colère et la peur, car il est particulièrement important de savoir les déceler chez un individu, et donc de savoir reconnaître les signes non verbaux qui peuvent les trahir.

LA PEUR

La peur se traduit par les symptômes musculaires suivants :
- les sourcils se lèvent et se rapprochent (muscles frontaux) ;
- les paupières supérieures se lèvent (muscles orbiculaires, partie palpébrale) ;
- les paupières inférieures se tendent au coin intérieur de l'œil (muscles orbiculaires, partie palpébrale) ;
- la bouche s'entrouvre et s'étend vers l'extérieur du visage ;
- les pupilles se rétractent ;
- les poumons inspirent de l'air.

LA COLÈRE

Concernant la colère, plusieurs muscles peuvent s'activer :
- les lèvres se pincent (muscles orbiculaires de la bouche) ;
- les sourcils se froncent : ils se rapprochent, se tendent vers le bas ;
- la ride du lion apparaît dans la glabelle (zone entre les deux sourcils, muscles pyramidaux) ;
- les narines se dilatent (prendre un maximum d'air pour éventuellement passer à l'action).

Bien que les émotions ne révèlent jamais leur déclenchement, c'est souvent le contexte qui permet de formuler des hypothèses sur leurs origines. Une atmosphère anxiogène peut donc pousser des individus à commettre des actes qu'ils n'imagineraient pas dans des circonstances différentes.

La communication d'influence

L'influence est un pilier de la communication au même titre que l'information et l'interaction. C'est un jeu de l'esprit banal, il est possible d'influencer l'autre de façon à éviter l'affrontement. Dans un ouvrage particulièrement intéressant, le psychologue américain Robert B. Cialdini a établi des principes facilement transposables dans la gestion d'un individu en crise.

— *L'autorité*
Tout commence avec l'autorité : se positionner dans un rôle d'expert, faire parler les chiffres pour provoquer l'adhésion. Par exemple : « Je connais ce genre de dossier, je sais de quoi je parle, croyez ce que je vous dis. » « Vous savez que 85 % des Français... »
En détention, lorsque le ton est haussé après des interrogatoires ou des réponses erronées, le fait d'expliquer ou de trouver la réponse sur la suite d'une affaire, des remises de peines, une date de libération..., peut suffire pour calmer naturellement une situation.

— *Jouer la carte de la sympathie*
La sympathie rentre naturellement en jeu. Je suis aimable, souriant, je tends la main à l'autre, ma chaleur devient communicative et elle doit inciter l'individu à adopter la même attitude. En effet, il n'existe que deux façons d'influencer facilement : par la menace ou par la sympathie. Ainsi, de manière plus générale, nous répondons plus favorablement aux demandes d'un individu agréable. Quant à la menace utilisée comme outil de persuasion, des psychologues ont observé qu'une menace même légère pouvait se révéler tout aussi efficace qu'une menace extrême.

— *La réciprocité*
Robert B. Cialdini évoque également la réciprocité. Il explique : « Je te donne, tu te sens inconsciemment obligé de donner [...] Je te donne de mon temps, de l'écoute, de l'attention... Je suis bienveillant et respectueux envers toi, alors tu vas l'être envers moi. » En accordant à l'autre, celui-ci me deviend inconsciemment redevable.

— *L'étiquetage*
La technique de l'étiquetage sert notamment à avouer à notre interlocuteur qu'il possède une qualité, ce qui le poussera à se comporter en fonction de cette étiquette :
« Monsieur, vous êtes une personne intelligente, vous pouvez comprendre la situation. »

— *Les présuppositions*
Une présupposition consiste à donner à son interlocuteur l'impression qu'il est libre de choisir. Par exemple lorsque des parents s'adressent à leur enfant : « Tu préfères faire tes devoirs maintenant ou après manger ? » Ce dernier pense avoir le choix, ce qui est erroné : ce que souhaitent avant tout ses parents, c'est qu'il fasse ses devoirs.

— *La manipulation des valeurs*
Technique très efficace, elle consiste à s'appuyer sur ce que nous considérons comme certain, sur ce que nos parents nous ont appris, sur nos croyances profondes. À titre d'illustration : « Je me souviens que mon père me disait toujours... » « Un célèbre président disait... » « Le célèbre philosophe écrit dans son livre... » « Vous savez ce que l'on dit ? » Il faut également valoriser les décisions, les bonnes décisions : « C'est bien, ce que vous faites, c'est un bon choix. »

— *L'illusion du contrôle*
Déjà évoquée plus haut, l'illusion du contrôle consiste à faire penser à l'individu en crise qu'il est le maître du jeu. « Vous avez les cartes en main... Vous êtes libre de faire ce que vous voulez... C'est vous qui décidez. »

— *Influencer sans même prendre la parole !*
Les trois principaux facteurs de l'influence silencieuse sont le regard, le toucher et le sourire.

« Car si le visage est le miroir de l'âme, les yeux en sont les interprètes », disait Cicéron. Le regard, le contact visuel, exerce une forte influence sur le comportement et la perception. Il crée une impression de franchise qui inspire confiance, ou au contraire une image de peur, d'intimidation, de menace...

Le toucher, sur l'épaule, le bras, l'avant-bras de l'individu, instaure de la proximité, une intimité qui facilite la décision, motive et persuade (à ne surtout pas réaliser avec un individu en crise).

Enfin, nous avons déjà mis l'accent sur l'importance du sourire plus haut, qui crée une perception positive en rendant plus attirant physiquement, plus familier, plus ouvert.

— *Quelques techniques révélées par la psychologie sociale*
Jérôme Palazzolo, médecin psychiatre spécialisé en psychopharmacologie et en thérapies cognitivo-comportementales, évoque dans son travail d'autres techniques en matière de communication d'influence.

> **Influencez les émotions d'autrui en un claquement de doigts !**
>
> Déclarer à une personne qu'elle semble vraiment fatiguée peut modifier son état et la rendre réellement épuisée. De la même manière, déclarer qu'elle est radieuse peut la rebooster !

La pratique courante est de généraliser, d'expliquer que ce n'est pas étonnant, c'est toujours ainsi avec eux, avec lui...

L'appel à l'ignorance : une affirmation est vraie tant qu'elle n'a pas été démontrée fausse ou une affirmation est fausse tant qu'elle n'a pas été démontrée vraie.

L'appel à l'incrédibilité : parce qu'une déclaration est incroyable, elle ne peut pas être vraie.

L'appel à l'argent : croire que la richesse d'une personne ou la forte valeur d'un objet va valider la vérité d'une déclaration.

L'argument de la nouveauté : penser que quelque chose est mieux parce que c'est nouveau ou plus récent.

La raison de la majorité : présumer que quelque chose est vrai, puisque la majorité des individus le croit.

La manipulation des probabilités : prétendre qu'un événement peut arriver par la logique, expliquer par A + B, trouver des signes, des causes à effets... C'est le principe de la théorie du complot.

L'appel à la tradition : garantir que quelque chose est vrai, car il en a toujours été ainsi.

Les preuves anecdotiques : elles reviennent à ignorer les preuves scientifiques et à leur préférer les anecdotes personnelles. Exemple : « Je me souviens, un jour, mon voisin m'a dit que, etc. »

Enfin, selon les situations et les informations obtenues sur l'entourage familial et social de l'individu, vous pouvez aussi faire parler les absents : « Que penserait votre mère/père ? votre frère/sœur ? votre mari/femme ? votre famille ? »

— *L'arme secrète de l'influence et de la persuasion*
Soyez authentique !

B | DÉTECTER LES SIGNAUX DU STRESS CHEZ L'INTERLOCUTEUR

Il est important de souligner que toute manifestation doit être étudiée et interprétée dans un contexte et qu'aucune conclusion définitive ne doit être tirée de signaux isolés. Ce ne sont que des indicateurs témoins d'un état à vérifier et à recroiser avec d'autres informations, à l'image des pièces d'un puzzle à assembler, et ce afin de préciser l'interprétation.

Selon Joe Navarro, ancien agent du contre-espionnage au FBI, spécialiste dans le domaine de l'évaluation comportementale, voici les huit commandements à respecter pour observer et décoder correctement le langage non verbal.

1 | *Soyez un observateur attentif de votre environnement.*
Tout comme une écoute attentive est cruciale pour comprendre le langage verbal, une observation attentive est vitale pour appréhender le langage corporel.

2 | *L'observation en contexte est capitale pour comprendre un comportement non verbal.*
C'est souvent le contexte qui permet de formuler des hypothèses sur les origines des émotions. L'individu peut être stressé, sous tension, nerveux... vis-à-vis de la situation.

3 | Être conscient qu'*un seul indicateur, qu'une seule tendance, est observé.*

4 | *Essayer d'établir les comportements fondamentaux d'autrui.*
Établir « la position initiale de référence », c'est-à-dire la position neutre, de la personne à la prise de contact permet de déceler les écarts, parfois lourds de sens, indicateurs de « stress ».

5 | *Observer les indices révélateurs multiples.*
Assembler tous les signaux afin de préciser votre interprétation.

6 | *Surveiller les changements de comportement d'autrui : ils signalent une évolution de ses pensées, de ses émotions, de ses intérêts ou de ses intentions.*
À titre d'exemple : un brusque changement de comportement, dans la communication, à l'instant T...

7 | *Savoir distinguer bien-être (confort) et malaise (inconfort) aide à se concentrer sur les comportements les plus importants pour décoder la communication non verbale.*
Confort = contentement, satisfaction, détente.
Inconfort = mécontentement, insatisfaction, stress, anxiété, tension.

8 | *Soyez discret dans vos observations.*
Partez des pieds à la tête, et non l'inverse, un balayage de la tête aux pieds paraissant teinté de mépris.

Repérez l'Inconfort et le Réconfort chez l'autre

Le rôle de notre cerveau étant d'assurer la survie de l'humanité, il est programmé pour éviter le danger, fuir la douleur et rechercher le plaisir. Notre cerveau limbique grave les expériences, positives comme négatives. Face à une situation inconfortable que nous percevons comme un danger (stress et manque de confiance), une réaction de réconfort sera ainsi activée inconsciemment par un auto-contact avec pour objectif de stimuler les terminaisons nerveuses afin de libérer des endorphines apaisantes dans le cerveau.

Contemplons l'homme tentant par lui-même de se rassurer : il se frotte le nez, les yeux, le visage. Attitude d'ailleurs commune avec nos amis les grands singes, le voilà qui se gratte la tête, se masse la jambe ou le cou... Demandez-vous toujours pourquoi votre interlocuteur a besoin de s'apaiser lorsque vous conversez sur une situation ou une personne.

D'autres signes peuvent être révélateurs : quand l'intérêt d'une personne est stimulé, ses pupilles se dilatent, si bien qu'elle reçoit davantage de lumière pour « voir clairement » et obtenir davantage d'informations. De même, quand cette personne est moins réceptive, ses pupilles se contractent. Dans une étude de 1996, les chercheurs Lubow et Fein ont constaté qu'en mesurant le diamètre de la pupille du suspect tout en lui montrant des photos de scènes de crime, il est possible de déterminer sa culpabilité dans 70 % des cas.

Pour mémoire, le langage non verbal permet de mieux comprendre ce que ressent l'autre : « je suis heureux, je souris ». Mais il permet également d'appuyer le message verbal et de renforcer la parole par le geste pour plus d'impact. Il peut aussi régler l'émission des messages verbaux : faire des signes pour émettre le souhait de prendre la parole ou pour contredire son langage verbal (faire un clin d'œil pour annoncer un mensonge, par exemple).

Le langage non verbal, enfin, se suffit à lui-même : ne rien dire et placer le pouce en l'air pour signifier que tout va bien.

Votre attitude renvoie une image, positive ou négative, qui viendra influencer ce que les autres vont penser de vous ainsi que vos possibles interactions. Épaules rentrées, tête baissée, évitez de mettre vos mains derrière le dos, de les joindre devant vous (façon position de l'élève puni), sur vos hanches façon cow-boy, ou de montrer du

> Sculpter des images dans l'espace à l'aide de ses mains présente un effet hypnotique sur l'auditoire et impacte le propos

doigt, ce qui pourrait être interprété comme de la soumission, de l'autorité ou de l'agressivité.

Plus vous manquez de confiance en vous, plus vous êtes triste, plus vous êtes angoissé, plus vous devez vous tenir droit, la tête haute, les épaules ouvertes, à regarder l'horizon. Une bonne attitude dope l'estime de soi, la confiance et le charisme. C'est notre façon de nous mouvoir, de nous tenir, de marcher qui nous conditionne, et non l'inverse.

Enfin, l'apparence impressionne toujours au premier regard, surtout dans nos sociétés contemporaines où l'image reste très importante.

Les vêtements sont généralement le reflet de l'âge, de l'humeur, du milieu social ou des goûts personnels. Ils demeurent des marqueurs. Un désir tribal ou communautaire d'appartenance conditionne le choix de tel ou tel style : BCBG, grunge, urbain, gothique, streetwear, sportswear, glamour, vintage, hipster...

Les vêtements racontent notre histoire. Nous sommes, à travers eux, notre propre mise en scène : entre l'image projetée de soi, l'image souhaitée, celle que nous aimerions donner et l'image reçue, celle qui est perçue par les autres.

Il faut jouer alors avec les codes que renvoie l'apparence, car chaque groupe d'appartenance à ses valeurs. Les identifier et les détecter permet de faciliter l'interaction, la création du lien et d'avoir un début de stratégie de communication.

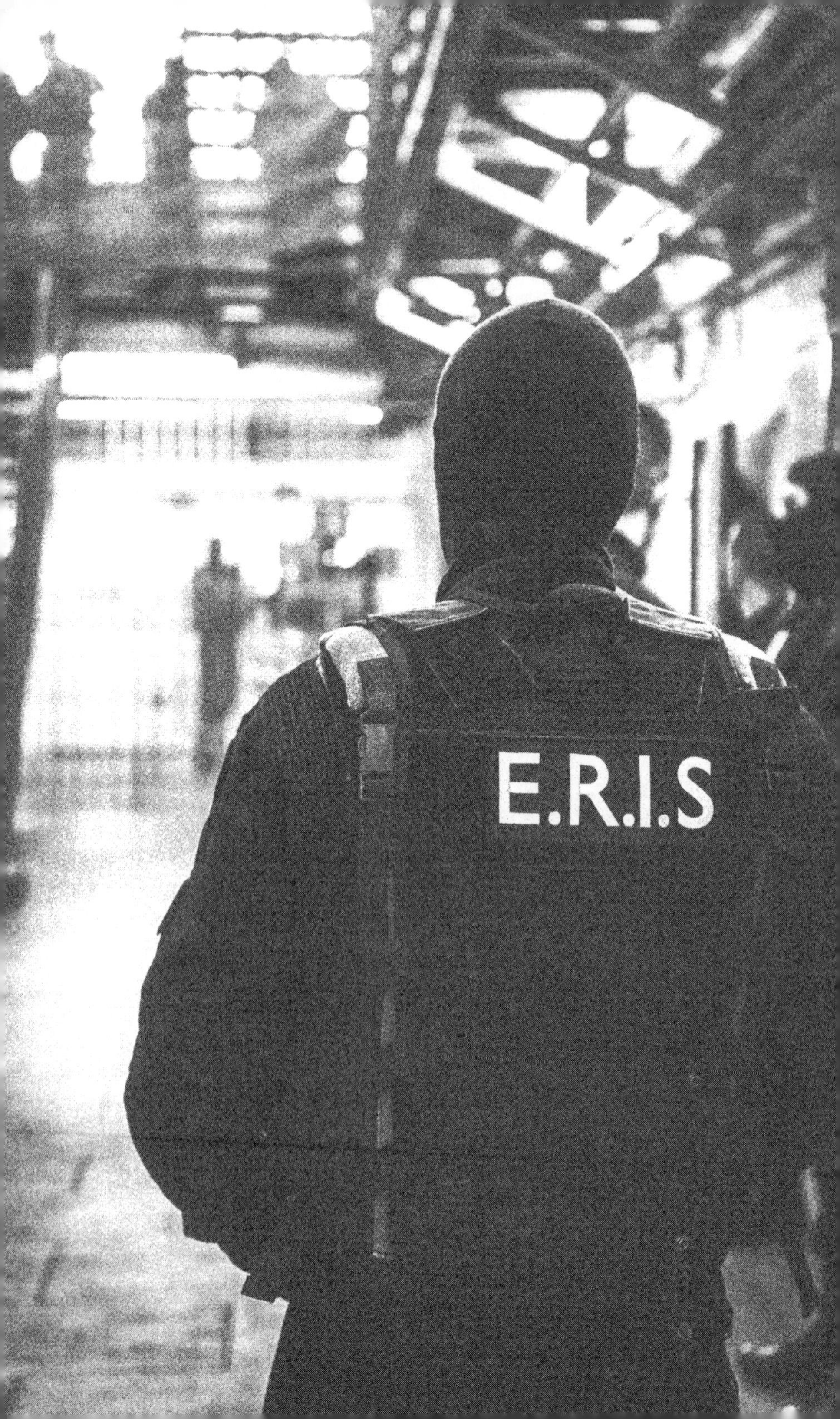
E.R.I.S

LA RÉCUPÉRATION ÉMOTIONNELLE EN POST-CRISE

CHAPITRE 6

E COMME **ÉMOTIONS**

- P — PRÉVENTION
- E — ÉCOUTE
- A — ATTITUDE
- C — COMMUNICATION
- **E** — **ÉMOTIONS**

CHAPITRE 6
LA RÉCUPÉRATION ÉMOTIONNELLE EN POST-CRISE

« Les effets de la colère sont beaucoup plus graves que les causes. » — Marc Aurèle

Émotion. Nom féminin (de *émouvoir*, d'après l'ancien français *motion*, mouvement) 1) Trouble subit, agitation passagère causée par un sentiment vif de peur, de surprise, de joie... *Parler avec émotion de quelqu'un.* 2) Réaction affective transitoire d'assez grande intensité, habituellement provoquée par une stimulation venue de l'environnement.
— Dictionnaire Larousse en ligne

Le conflit est solutionné, un dénouement favorable lui a été trouvé, la situation s'est apaisée et l'interlocuteur s'est certainement calmé. Selon le philosophe allemand Friedrich Nietzsche, ce qui ne tue pas rend plus fort, mais j'ajouterai que cela laisse une empreinte. Malaise, angoisse, sensation d'humiliation... tous les sentiments, tous les états d'âme peuvent défiler.

Cette période post-« clash » sera peut-être même vécue plus difficilement dans le cas où la situation ne se sera pas déroulée de la plus heureuse des manières. Souvenez-vous alors que la responsabilité du conflit ne vous incombe pas. Elle ne doit pas être considérée comme un échec personnel. Au contraire, vous avez fait preuve d'une attitude noble et salvatrice en tentant de dénouer la crise. Ne culpabilisez donc surtout pas !

Dans tous les cas, comment réagir lorsque des mots durs ont été prononcés, lorsque nous avons subi une agression verbale proche de l'affrontement physique ?

« Ne laissez pas les difficultés de la vie vous perturber, car nul ne peut éviter les problèmes. Ni les sages, ni les saints, ni les dieux. » — Sénèque

Une fois le conflit solutionné, il faut cultiver l'art de la résilience ou surmonter le choc « traumatique ». Le malaise n'est pas insurmontable, et si le cours de l'histoire ne peut être modifié, il faut apprendre à interpréter les faits différemment et à maîtriser notre réaction.

Nous trouverons peut-être de l'aide auprès d'une personne qui a subi des tourments plus importants que les nôtres. En l'aidant à surmonter sa souffrance, notre propre conflit semblera forcément plus léger. Observer cette personne, qui fait front dans l'adversité, nous poussera à chercher le courage et la force qui nous manquent pour enfouir notre mal au plus profond de nous-même.

Savoir réagir vite et de manière positive est également essentiel. Une bonne image de soi avec un développement de sa confiance et de son optimisme sont autant d'attitudes qui permettront de construire cette résilience. Tâchez de ne jamais être abattu et de rester dans l'action quand votre monde s'écroule autour de vous.

A | RÉSILIENCE ET ACCOMPAGNEMENT

La méthode SPARC

La méthode SPARC a été développée par la professeure Ilona Boniwell, doctoresse en psychologie et chercheuse en psychologie positive. Issue des thérapies comportementales et cognitives (TCC), de la psychologie positive (PP), de la communication non violente (CNV) et de l'intelligence émotionnelle (IE), cette méthode consiste à affronter les obstacles tout en faisant preuve de résilience face aux difficultés de la vie quotidienne.

Fermez donc les yeux.

Repensez à un échec ou à une déception récente et utilisez les deux étapes suivantes pour visualiser le film de cette situation.

1 | LA MÉTHODE SPARC

S — Situation stressante : « Que s'est-il passé ? »
P — Perception : « Quelle a été votre interprétation de l'événement ? »
A — Affect : « Qu'avez-vous ressenti ? »
R — Réaction : « Qu'avez-vous fait ? »
C — Compréhension : « Qu'avez-vous appris de cette situation ? »

Maintenant, appréhendez cette même situation dans la perspective d'en remettre en question votre première analyse.

2 | LE PROCESSUS SPARC

S — Imaginez à nouveau la situation en vous appuyant uniquement sur les faits neutres et objectifs.
P — Votre perception est-elle juste ? Comment pourriez-vous analyser la situation autrement ? Quel était l'événement le plus dramatique qui aurait pu vous arriver ? Quel était le meilleur ? Quelle était l'action la plus susceptible d'arriver ?

A — Que pourriez-vous mettre en place pour vous sentir mieux sur le moment ? (sport, musique, loisirs, massage, bain, méditation, respiration…)
R — Comment auriez-vous pu résoudre les problèmes auxquels vous avez fait face ?
C — Qu'avez-vous appris sur vous-même et sur cette situation ?

ATTITUDE À TENIR AVEC DES COLLABORATEURS AYANT SUBI UN CHOC ÉMOTIONNEL

1 — « Période immédiate » après l'évènement (dans les heures qui suivent)
 • **Aménager un endroit calme** pour permettre à l'individu sortant d'un conflit aigu de récupérer dans de bonnes conditions.
 • Accorder au collaborateur une « pause » en lui permettant de s'isoler momentanément de toute agitation pour **réduire sa fatigue émotionnelle**, avant de reprendre une activité.
 • Faire bénéficier le collaborateur impliqué dans l'incident du **soutien d'une tierce personne**, pour la rédaction du compte rendu (si nécessaire).
 • **Créer un espace de parole** (reprendre objectivement le déroulement de l'incident en visionnant le film sans reprendre les émotions, sans le son).
 • Utiliser les techniques de **l'écoute active**.
 • **« Dépister »** à cette occasion les collaborateurs vulnérabilisés en vue de **les orienter vers les ressources appropriées** (professionnels de santé, de l'écoute, associations d'aide aux victimes…).
 • **Assister la victime dans ses démarches** (dépôt de plainte, démarches administratives…).

> **2 — Période « post-immédiate »** (dans les jours qui suivent)
> - S'intéresser au vécu de la victime (par le biais d'une personne ressource ou par un pair du service).
> - Si le collaborateur est en arrêt ou en accident de travail, maintenir un contact avec lui pour **éviter un sentiment de trop grand isolement.**
>
> **3 — À la reprise de fonction du collaborateur**
> - Ne pas hésiter, ne serait-ce qu'informellement (en entrevue), à prendre des nouvelles de son état, pour **lui faciliter la reprise.**

Les besoins, les objectifs, les sentiments sont les cartes maîtresses à détenir pour sortir victorieux de cette période post-crise. En deux mots, lâcher prise pour passer à autre chose, mais sans perdre sa capacité d'intervention, d'indignation, de lutte. Comme l'énonce très justement Martin Latulippe, coach canadien, le passé doit servir de référence, pas de résidence.

Par ailleurs, pour faire suite à une agression, des gestes simples peuvent être accomplis pour soi et pour les autres.

Aménager, par exemple, un endroit calme pour permettre la récupération, puis se centrer sur la respiration et prendre conscience de nos pensées, de notre attitude, de nos sensations et de nos émotions. En les notant sans vouloir les changer, ni même se juger : « Où suis-je ? » « Comment je me sens ? », etc.

L'entretien « de récupération » réduit l'impact émotionnel de l'incident sur les collaborateurs et permet d'accélérer leur temps de récupération à la suite d'un stress de forte intensité.

Si vous êtes dans une situation d'accompagnement de la victime, utilisez les techniques de l'écoute active en manifestant une réelle empathie. N'hésitez pas à les accompagner également dans des démarches auprès de professionnels de santé, d'associations d'aide aux victimes.

Enfin, selon les cas et dans les jours suivants, maintenir le contact afin d'éviter l'isolement. La vie reprendra, doucement, sûrement, et les effets du conflit s'estomperont avec le temps. Affronter un conflit, au-delà du factuel, permet de remporter une victoire sur la vie, sur les croyances, et aussi sur soi-même.

« Les destins guident celui qui les accepte, ils traînent celui qui leur résiste. » — Sénèque

B | RITUALISER LE BIEN-ÊTRE POUR ACCÉLÉRER LA RECONSTRUCTION

Personne n'est préparé et ne s'habitue à avoir peur, à être insulté, agressé psychologiquement et physiquement. Nous ne sommes tout simplement pas conçus pour ça. L'homme est un animal social qui s'épanouit dans l'amour et la bienveillance. Alors tous les maux de l'âme éprouvés après coup sont normaux : un dialogue interne en boucle, négatif et culpabilisant, un sentiment d'échec, de honte, la peur de retourner sur les lieux, la perte de confiance en soi...

Nous portons tous une sorte de carte postale, plus ou moins grande en fonction de notre tolérance à l'agression, qui se remplit au fur et à mesure de la vie des timbres que nous y collons à chaque cas de violence, qui correspondent aux impacts laissés, telles de petites blessures incurables.

La dépression se manifeste lorsque la carte postale est totalement remplie. Si nous ne pouvons pas jouer sur la taille des timbres, certaines pratiques nous permettent de jouer sur la taille de notre carte postale, en renforçant notre perception positive des choses de la vie et en régulant notre dialogue et discours internes.

La méditation

La pratique quotidienne de la méditation et/ou des techniques de respiration peut aider à construire notre propre routine pour agrandir notre carte postale et développer nos capacités psychologiques.

En effet, rien ne vaut la pratique régulière de la méditation, de quelque style que ce soit. Pour ma part, je pratique la pleine conscience et je vous encourage à vous renseigner sur le travail de Christophe André, psychiatre et écrivain, spécialiste dans ce domaine. La méditation est peu coûteuse, sans effet secondaire et permet de réduire l'anxiété et le stress et d'améliorer la concentration et la créativité (dans le domaine artistique, mais surtout pour la recherche de solutions aux problèmes).

La cohérence cardiaque

Une autre pratique facile à mettre en œuvre et ayant les mêmes bénéfices : la cohérence cardiaque. Utilisée notamment par de nombreux sportifs, groupes d'intervention et pilotes de chasse, elle consiste à contrôler sa respiration afin de réguler son stress et son anxiété. Ainsi, pris en otage par nos émotions, nous pouvons apprendre à réguler notre rythme cardiaque en inspirant pendant 5 secondes puis en expirant pendant 5 secondes, ce qui apportera ce calme propice à une résolution efficace ne serait-ce que pour une minute de pratique.

Les premières recherches sur la VFC (variabilité de la fréquence cardiaque) remontent à 1975, sous l'impulsion du physiologiste russe Evgeny Vaschillo, qui constata l'influence bénéfique d'une amplitude élevée des variations sur le rythme cardiaque chez les cosmonautes et élabora vers 1983 un modèle appelé « fréquence de résonance du cœur », obtenue à partir d'une respiration cadencée entre 5 et 7 cycles par minute.

Le concept a ensuite été popularisé en France par le psychiatre David Servan-Schreiber, qui fut le premier à présenter la cohérence cardiaque dans le livre *Guérir*, en 2003. Atteint d'un cancer neurologique incurable, il utilisait la méthode « 365 » pour lutter contre le stress que générait sa maladie, soit 3 fois par jour, 6 respirations par minute, pendant 5 minutes.

Cette méthode consistant à inspirer sur 5 secondes et à expirer sur 5 secondes, elle peut se pratiquer assis ou debout, n'importe où et en toute discrétion (en comptant dans sa tête), en marchant, dans les transports, les salles d'attente, derrière son écran d'ordinateur ou en se dirigeant vers une réunion. De nombreuses applications pour smartphone existent afin d'en faciliter au maximum la pratique.

La pratique sportive

Pratiquez également un sport : l'activité physique dope le mental et permet de se reconstruire et de renforcer l'estime et la confiance en soi.

Boris Cyrulnik, écrivain et psychiatre connu pour avoir popularisé le concept de « résilience » (renaître de sa souffrance), nous apprend que le sport augmente l'activité de neurotransmetteurs dans des zones cérébrales contrôlant les émotions (preuve apportée par la neuro-imagerie : un corps entraîné stimule le cerveau).

Vous avez dit résilience ?

« Il n'y a qu'une route vers le bonheur, c'est de renoncer aux choses qui ne dépendent pas de notre volonté. »
— Epictète

Aucune vie n'échappe aux épreuves du rejet, du manque d'amour ou de reconnaissance, de la souffrance physique ou psychologique. Cependant, là où certains renoncent et s'effondrent, d'autres rebondissent et en ressortent plus forts.

« Si seulement j'avais... » « Tout est de ma faute... » « Je suis tellement stupide... » « Pourquoi moi ? »

Changez rapidement votre dialogue interne : la vie est difficile et souvent injuste, mais il faut s'acquitter de son passé pour vivre au présent et préparer le futur avec optimisme et certitude. Il ne s'agit pas de l'oublier, car il faut en tirer de bonnes leçons, mais chaque fois que vous penserez à la situation, vous autoriserez les fantômes du passé à occuper une place de choix dans vos pensées d'aujourd'hui au risque d'en rester prisonnier.

Sachez éventuellement aborder les choses avec humour. L'humour, nous dit Boris Cyrulnik, représente

un média sur lequel bien des parcours de vie résilients semblent se construire. Nous sommes d'ailleurs souvent les premiers à proclamer, lorsque nous vivons un moment désagréable, que nous en rirons dans quelques années ! Autorisez-vous donc un peu de légèreté.
L'objectif est celui-ci : pardonnez au passé pour aller de l'avant et passer à autre chose...

Passez à l'action !

Enfin, lorsque notre esprit passe en boucle ce mauvais film qui nous hante jour et nuit, cette situation où l'on se dit que nous aurions pu gérer autrement, qui nous fait culpabiliser, nous a humilié, nous a fait peur, utilisez l'outil qui peut tout changer et à tout moment : la décision.
Décidez ! Décidez de donner un sens différent à la situation, de libérer votre esprit et, surtout, décidez de passer à l'action !
Parce que l'action permet de reprendre sa vie en main. Elle change nos pensées négatives, car elle nous focalise sur de nouveaux objectifs. Plus votre mal-être est omniprésent et douloureux, plus vous devez vous fixer des projets ambitieux pour changer radicalement vos pensées et accroître votre motivation. Car, pour changer, nous devons être motivé ! Personne ne se lève pour accomplir de petites choses.
L'action permet aussi de commencer un fabuleux voyage, de faire de nouvelles rencontres et, surtout, de déclencher de nouvelles opportunités.
Pas de nouvelle action, pas de nouveau résultat !
Une fois les premiers objectifs atteints, la réussite entraîne alors un sentiment de satisfaction et de réalisation qui est directement lié au bonheur et à la résilience.

Thérapie ACT

La thérapie ACT (Acceptation and Commitment Therapy) est une psychothérapie dont le message est d'accepter ce que nous ne pouvons pas contrôler et de s'engager dans une action qui améliore et enrichit notre vie.
Ce modèle a notamment été développé, aux États-Unis, par le psychologue clinicien Steven C. Hayes et la professeure de psychologie Kelly G. Wilson et, en Australie, par le thérapeute Russ Harris.
Issu d'une réflexion et d'une recherche scientifique, ce courant fait partie de la troisième vague des thérapies cognitives et comportementales. Il puise ses racines dans la psychologie expérimentale et les théories de l'apprentissage et cible directement le fonctionnement de la personne dans l'instant présent.
Son but est la flexibilité psychologique et comportementale, c'est-à-dire la capacité à adapter ses comportements afin de pouvoir engager dans l'instant présent les actions importantes pour soi en fonction du contexte et de l'environnement, en présence de tout ce que l'on ressent.

(Source : *http://act-therapie.com*)

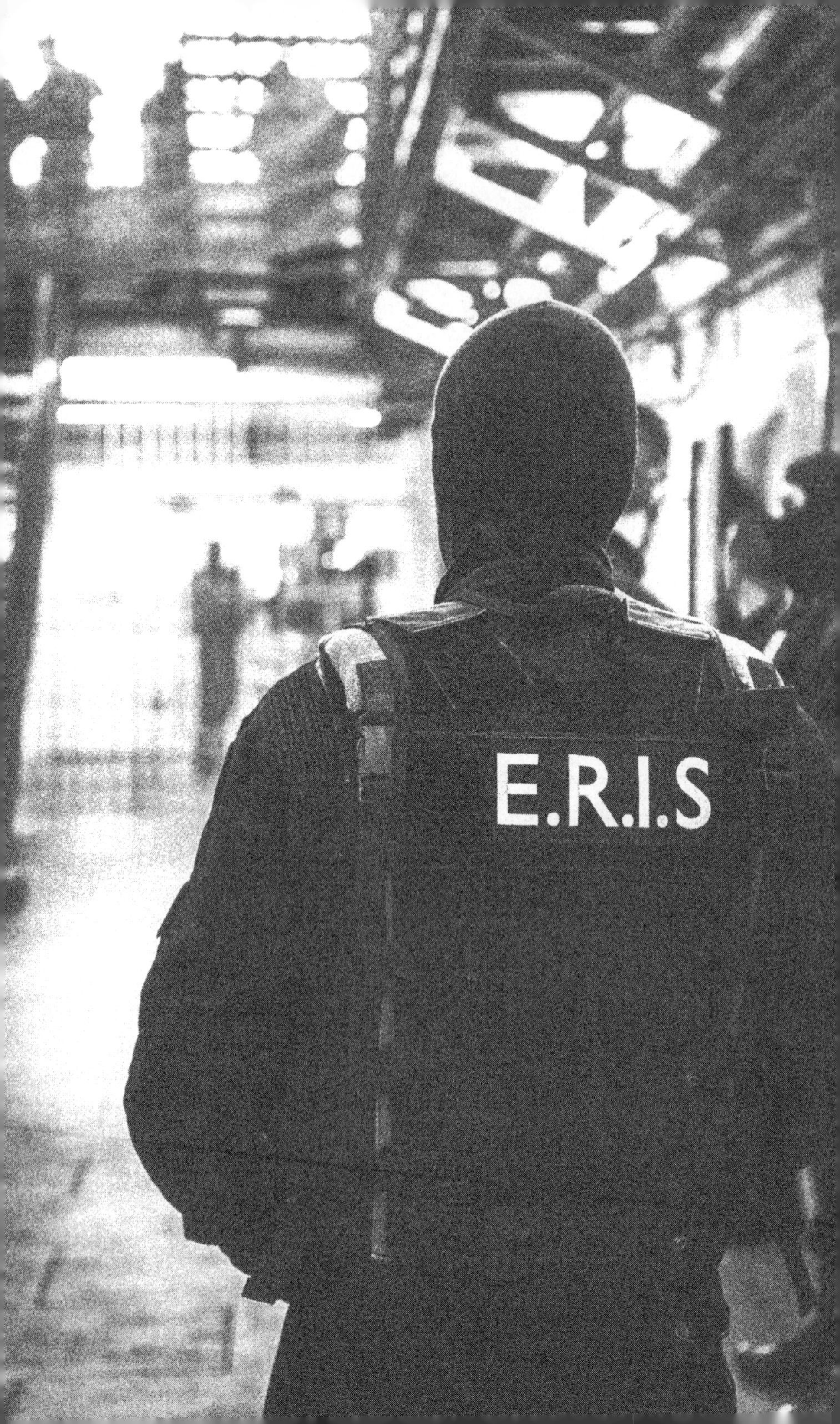
E.R.I.S

CONCLUSION

Nous sommes en août 2009 et, comme chaque matin, nous nous entraînons aux sports de combat. Mais nos téléphones sonnent les uns après les autres pour rejoindre la base rapidement. Nous nous exécutons sans dire le moindre mot, les renseignements arriveront au fil de l'eau jusqu'à notre départ.

25 détenus ont pris d'assaut tout un étage d'un centre de détention dans le sud de la France, ils sont connus pour être dangereux et sont armés. Ils ont tout détérioré et retiennent d'autres détenus en otages. Aucune revendication... si ce n'est que de mettre à feu et à sang l'établissement.

Dès notre arrivée sur la cour d'honneur de l'établissement, on entend déjà des cris, des insultes, ils nous attendent ! Une fois équipés, nous nous dirigeons d'urgence en colonne d'assaut sur les lieux de la crise et, sur le trajet, nous croisons le regard des personnels qui en disent long... Ils ont peur !

Ces derniers savent qu'à tout moment cette violence peut se propager comme une traînée de poudre.

Attendre trop longtemps, c'est offrir l'opportunité à d'autres détenus de créer plusieurs sur-incidents (feux de cellule, mouvements collectifs, prise d'otages), mais c'est aussi multiplier les risques d'avoir non plus 25 détenus à gérer, mais 50, 100, 200 à l'intérieur et à l'extérieur de nos murs. L'effet de groupe peut être dévastateur et nous sommes aujourd'hui à peine une vingtaine ! Les deux équipes d'astreinte.

Nous nous entraînons tous les jours pour faire face à de telles situations et le briefing s'est déroulé sur le trajet.

Nous arrivons enfin sur cet étage assailli, la grille de détention a été bloquée, attachée avec des chaînes, des cadenas. Une barricade de fortune, faite de chariots pour distribuer les cantines et les repas ainsi que de mobiliers cassés, dépasse les deux mètres et a été plaquée contre la grille de détention. Les détenus viennent d'enflammer cette dernière !

Nous discernons difficilement, tout est sombre... Nous avons des difficultés pour nous entendre, tout est bruyant ! Toutes les lumières et les caméras ont été brisées !

La négociation est très difficile voire quasiment impossible, ils sont surexcités, extrêmement violents et menaçants. D'autres détenus sont en cellule ou bloqués dans les douches et nous devons aller les chercher pour assurer leur sécurité.

Les détenus sont déterminés à nous affronter, commettre délibérément un acte d'origine érostratique, marquer les esprits par la violence, la tuerie pour devenir célèbres et rentrer dans le panthéon des grands criminels... en détention.

Nous sommes prudents, ils ont sûrement piégé les lieux ! Nous sommes à présent prêts à intervenir. Les fluides ont déjà été coupés par les personnels de l'établissement pour éviter l'inondation, l'électrocution. L'huile bouillante est une arme redoutable. Et après un rappel de la réglementation sur l'usage de la force et des armes, l'assaut est lancé !

Notre premier objectif reste de faire sauter la serrure de la grille de détention et d'avancer pour déblayer rapidement la barricade, et pouvoir prendre rapidement du terrain sur les mutins.

La fumée empêche la visibilité, les cris de bien entendre. C'est quasiment impossible de communiquer entre nous !

Mais nous veillons les uns sur les autres et nous maintenons toujours un contact via la main sur l'épaule, car nous savons que si l'un de nous se fait attraper, la suite sera dramatique !

Les boucliers se mettent en protection pour qu'un collègue coupe la serrure avec une scie circulaire thermique. Nous n'avons alors que quelques secondes pour retirer les obstacles de cette barrière afin de nous frayer un passage et interpeller rapidement. Nous subissons des jets de bouteilles et de boîtes de conserve qui explosent littéralement sur nos

CONCLUSION

casques ainsi que des coups de barres de musculation peut-être... des poinçons ! Les détenus hurlent qu'ils veulent crever du bleu ! Dans l'obscurité, nous les distinguons à peine. La serrure cède, nous rentrons en scène. À présent devant l'obstacle, face aux assaillants, rien ne se déroulera alors comme prévu...

« Nous sommes ce que nous faisons à répétition. L'excellence n'est donc pas un acte mais une habitude. »
— Aristote

Nous voilà arrivés à la fin du voyage et j'espère sincèrement que vous avez pris du plaisir à découvrir chaque chapitre et que vous en prendrez d'autant plus à expérimenter tous les domaines et concepts abordés. À travers cet ouvrage, j'ai souhaité vous apporter une approche globale de cette thématique si complexe, mais tellement enrichissante. Elle nous rend plus humble, plus humain.

J'ai terminé l'écriture de cet ouvrage devant la victoire de Francis Ngannou, sacré champion du monde des poids lourds, inspiré par le parcours incroyable de cet ancien SDF. Sa victoire est celle d'un homme qui s'est entraîné, s'est formé, a expérimenté, afin de réduire au maximum l'impact négatif des facteurs « chance et humain ».

Ces facteurs font entièrement partie du processus de résolution de crise. Alors, à votre tour, afin de mettre le plus de pions de votre côté, entraînez-vous, entraînez-vous à fond !

L'être humain ne stagne pas ; soit il progresse, soit il régresse... et en détention, souvent seul, sans arme, face à un ou plusieurs individus dangereux, c'est notre self-control et nos prises de décision sous stress aigu qui vont déterminer l'issue des événements. C'est notre capacité à développer notre capital psychologique, en récupérant émotionnellement et rapidement, qui nous permettra de poursuivre notre travail jour après jour, année après année, en préservant les gens que nous aimons d'un environnement par définition anxiogène.

Un mental de haut niveau !

Le concept de capital psychologique, développé par le psychologue Fred Luthans, repose sur quatre ressources interdépendantes, évaluables, et sur lesquelles chacun peut agir : l'optimisme, le sentiment d'auto-efficacité (confiance), l'espoir et la résilience. Un individu peut ainsi optimiser ses performances et atteindre ses objectifs en situation dégradée tout en préservant sa santé physique et mentale tant sur le plan personnel que professionnel.

Ce livre a donc été conçu, avant tout, pour vous apporter un véritable « savoir-être », car, au-delà de la méthode, des techniques, c'est l'état d'esprit qui fera la différence.

Ainsi, à titre d'exemple, avec une formation identique, des diplômes similaires, le même âge... certains vont réussir à atteindre leurs objectifs tandis que d'autres vont échouer.

Pourquoi ? Parce que cela ne dépend pas que de soi et de son état d'esprit... la réussite, c'est 20 % de technique et 80 % de psychologie.

Lorsque j'interviens à l'ENAP face à des élèves surveillants, officiers, directeurs... j'insiste souvent sur le fait qu'apprendre sera la chose la plus aisée avec de la discipline, de la volonté, de la stratégie et une bonne hygiène de vie.

Ce qui est plus difficile, c'est de restituer et de garder son sang-froid en situation dégradée, de gérer l'échec, la frustration, de se remotiver tous les jours, d'être confronté **aux menaces, à l'incivilité, à la violence, et de revenir sur son lieu de travail, pour réussir ses missions malgré « la boule au ventre ».**

Le plus délicat demeure de trouver un sens, de rester bienveillant et à l'écoute de son entourage professionnel et familial... et cela ne s'apprend pas à l'école...

CONCLUSION

L'adversité ne doit pas être une fatalité. À l'image du sport pour lequel nous avons besoin de nous alimenter correctement pour nourrir nos muscles afin qu'ils se développent, nous avons tout aussi besoin de « bien penser » pour surmonter la peine, l'échec... pour se motiver, s'accomplir et se réaliser.

C'est aussi pour cela que vous aurez rencontré dans cet ouvrage, entre autres, de grandes figures de la philosophie stoïcienne : Marc Aurèle, Sénèque et Épictète. La philosophie facilite la réflexion, la prise de hauteur et sa propre compréhension, et je vous invite à lire leurs écrits.

Le stoïcisme a vu le jour, fondé par Zénon de Kition, vers 300 av. J.-C. à Athènes, influencé par Aristote et Platon, et avait pour vocation d'aider les hommes à mieux vivre.

Cela fait de nombreuses années que cette philosophie m'accompagne et m'apporte des réponses concrètes face aux événements de la vie.

« La philosophie n'est pas un art de plaire au peuple, un métier pour parader. Elle se fonde, non sur les mots, mais sur les choses. On ne s'y applique pas pour passer la journée en s'amusant, pour chasser le dégoût en prenant un loisir : elle forme et forge l'âme ; elle ordonne la vie, régit les actions, montre ce qu'il faut faire, ce qu'il faut laisser, siège au gouvernail et dirige le cours des marins ballottés d'écueil en écueil. » — Sénèque, Lettres à Lucilius XVI

En situation dégradée, lorsque la technique ne suffit plus, c'est alors la confiance qui rentre en jeu

Renforcez dès maintenant votre confiance en vous. Montez en confiance, pas en suffisance !

En situation dégradée, lorsque la technique ne suffit plus, c'est alors la confiance qui rentre en jeu. Car sans confiance... pas de premier pas, et sans premier pas... pas de résultat, ni de persévérance, ni de résilience.

Aucun être humain n'a confiance en lui à 100 % dans chaque situation et domaine de sa vie. C'est pourquoi il est nécessaire de la construire et de la renforcer, et, pour cela, il faut sortir de sa zone de confort, il faut tomber et se relever. Autrement dit : il faut acquérir de l'expérience. C'est l'unique moyen de développer sa confiance pour permettre de se remettre en question et de travailler sur ses peurs. Cette expérience acquise, que ce soit dans la gestion des difficultés, des crises, mais également des échecs, construit la confiance, qui à son tour favorise l'acquisition d'expérience : c'est un cercle vertueux.

Construire sa confiance en soi, c'est aussi apprendre à avoir confiance en l'autre : la confiance en soi ne peut exister sans la confiance en l'autre. Si personne ne vous a jamais fait confiance, il est normal de douter de soi. Nous existons à travers le regard des autres, car nous sommes des êtres de relations, alors choisissez les individus qui vous font du bien, qui vous sécurisent, vous font grandir.

Lorsque la vie t'épargne, fais une vraie pause, profite et souris. En revanche lorsque la vie te frappe, monte la garde, avance et... souris ! Parce que les problèmes et le mouvement caractérisent la vie.

J'ai eu, comme vous, de nombreux moments difficiles à gérer professionnellement, personnellement, mais j'ai finalement beaucoup appris sur moi et fini par apprécier ces montagnes russes émotionnelles, car je ne me suis jamais senti aussi vivant que dans ces situations-là. Le temps s'arrête, nous sommes dans le présent... centré sur soi en recherche de réponses, de compréhension. Nous redevenons avant tout « humain », les masques tombent et notre jeu d'acteur laisse la place à notre vrai « moi ». La peur, la colère, l'injustice, la souffrance, la perte sont les composantes essentielles de la vie pour apprécier le bonheur, le calme et la joie.

CONCLUSION

Si vous avez assimilé cette stratégie, cet état d'esprit, si vous avez compris à travers ce petit guide les comportements à adopter, vous êtes prêt à endosser ce rôle de pacificateur, de « négociateur de rue », convaincu que votre mental sera votre principal atout. Quoi que vous fassiez dans la vie, n'oubliez pas que la réussite, c'est 80 % de mental et 20 % de technique et de connaissances. Courage, humilité, persévérance, résilience, intelligence émotionnelle, combativité, optimisme, bonheur...
Ne vous comparez pas aux autres... vous êtes unique, vous êtes l'histoire que vous voulez bien vous raconter...
Alors, c'est maintenant à vous de jouer... et rappelez-vous à chaque fois que vous aurez à prendre la parole qu'un BON discours peut changer définitivement un MAUVAIS parcours.
Prenez soin de vous.
Merci.

POSTFACE

par Raphaël Rubio

Peu avant de quitter la ville, Thoreau, le sage, posait avec force une question très intime.
« À quoi bon emprunter sans cesse le même vieux sentier ? Vous devez tracer des sentiers vers l'inconnu. »
Ces chemins tortueux, parfois obscurs, paraissent semés d'embûches. Que faire, en effet, face au caractère dévorant de notre agressivité ?
Que faire, lorsque, par pulsion ou par instinct, l'ombre de Thanatos plane et consume tout notre être ?

Devons-nous, en ce sens, céder aux « vieux sentiers » ?

Chaque jour, une société qui confond violence et autorité écrase un peu plus notre personnalité.
Chaque nuit, ce sont des boules de haine, véritables poisons modernes, qui claquent et cognent lentement sous nos crânes.

Vivant sous le régime de la séparation, l'Homme contemporain est coupé de tout.

Son intériorité lui échappe. La nature, étrange spectacle, semble délivrer des murmures incompréhensibles. Son travail, réduit à un management mortifère, demeure souvent dénué de sens. Quant à sa famille ou sa communauté, elle n'est plus qu'un vestige des temps anciens...

Cet homme, on le conçoit, est alors aussi « universel » que « nu ». Il existe, « seul », soumis à ce que Heideigger nommait la dictature du « On ».

« On » gagne sa vie, « on » apprécie les mêmes spectacles, « on » développe une esthétique aussi commune que fade. Terrible paradoxe. Le monde moderne est un Janus. Le conformisme croît au même rythme que la dé-liaison sociale...

Faut-il donc être né « sous le signe du Lion » pour affronter notre condition d'homme dégradé ?

Le livre que vous tenez entre vos mains donne des pistes rafraîchissantes. Il invite à l'optimisme, cette valeur en berne, et trace des sentiers vers l'inconnu.

La sagesse philosophique est à ce point parfaitement claire. Seul un Lion, un être « solaire », peut de ses griffes vaincre la violence.

Jean-Baptiste Martinez, homme de cœur, vous invite à l'introspection.

Qui es-tu, toi, sous l'épaisseur de traumatisme et de fureur ?

Qui es-tu, celui dont les réflexes restent conditionnés par des images mentales issues de la société du spectacle ?

Que deviens-tu lorsque tu cèdes à la faiblesse et à l'agressivité ?

Violent et solitaire, tu penses être le « Samouraï » du film de Jean-Pierre Melville ? Tu n'es, en réalité, que le produit sans saveur du monde moderne.

Le sentier vers l'inconnu t'offre, en définitive, la clef.
L'inconnu, c'est toi.
Le mystère, c'est la Paix.
La solution, si elle existe, doit vibrer entre tes doigts.

Les doigts de mon ami Jean-Baptiste étaient tout ce qu'il lui restait. Il a tutoyé la Mort et vaincu l'adversité. Son

métier, dans le cadre de l'institution pénitentiaire, constitue une magnifique leçon d'énergie.
Toujours debout, mû par une volonté de fer, un sourire bienveillant, l'auteur de ce bouquin a trouvé la force de se reconstruire.
Aujourd'hui, ses doigts font des miracles.
Aujourd'hui, après avoir participé au championnat du monde de magie à Busan en Corée du Sud, Jean-Baptiste poursuit inlassablement son chemin.
Un jour, très bientôt, il sera temps de prendre la plume et de raconter l'histoire de notre artiste.
Le parcours de Jean-Baptiste Martinez est un roman.
Mon complice a vu le jour en août.
Il est vraiment né « sous le signe du Lion ».

Raphaël RUBIO
Écrivain. Journaliste-chroniqueur (Slate.fr).
Professeur de Philosophie

REMERCIEMENTS

Je remercie Laurent Combalbert et Stéphanie Furtos pour leur amitié, leur confiance et leurs conseils. Merci Laurent, d'avoir été une véritable source d'inspiration, c'est grâce à l'étude de ton livre, *Négociation de crise et communication d'influence*, que j'ai pu élaborer, en 2009, les premières formations de primo-intervention lors d'une prise d'otage dans l'administration pénitentiaire.

Ce livre n'aurait également pas vu le jour sans de nombreuses rencontres, et je souhaite exprimer toute ma reconnaissance aux négociateurs du RAID Robert Paturel et Christophe Caupenne et du GIGN, à Mike mon mentor, aux négociateurs régionaux de la gendarmerie nationale Romuald et Éric Jeanjean, ainsi qu'à tous les médiateurs de crise de l'administration pénitentiaire que j'ai eu l'honneur de former depuis 2016... et plus particulièrement au commandant de l'ERIS de Marseille, Éric, ainsi qu'à Noam, mon complice de toujours et négociateur talentueux.

Je remercie vivement Pierre Raffin pour son aide précieuse et pour la rédaction de la préface.

Les relectures, les corrections et la patience d'Émilie Rondelet ont permis à toutes les idées présentées dans cet ouvrage de prendre forme.

Merci également à Jean-Jacques Fiorito, à Lionel Parrini ainsi qu'à Raphaël Rubio pour sa touchante postface.

Ma reconnaissance également à l'ensemble des personnels pénitentiaires que j'ai croisés, accompagnés, formés depuis ces nombreuses années et qui m'ont aidé par leurs retours à toujours m'améliorer. Vous avez tous contribué à ce livre d'une manière ou d'une autre. Les exemples décrits dans cet ouvrage sont des synthèses de plusieurs histoires afin de préserver l'anonymat.

Enfin, je tiens à remercier ma famille et mes proches, qui ont toujours été présents pour m'encourager et me soutenir.

Je vous remercie tous du fond du cœur...

L'AUTEUR

Ancien membre du groupe d'intervention du ministère de la Justice (ERIS), Jean-Baptiste Martinez fut le précurseur de la négociation de crise dans l'administration pénitentiaire. Son expertise est régulièrement sollicitée dans le cadre de la formation des médiateurs de crise pénitentiaire ainsi que dans les groupes de travail sur les violences. Il a notamment participé à l'ingénierie pédagogique de la formation destinée aux agents affectés dans les Unités pour détenus violents (UDV) ainsi que coordonné le déploiement des techniques d'optimisation du potentiel (TOP®) dans son administration.

Formateur professionnel pénitentiaire, cet expert en communication et gestion du stress sous haute intensité intervient aujourd'hui dans les établissements, mais également à l'ENAP (École nationale de l'administration pénitentiaire). Il a ainsi accompagné, à ce jour, plus d'un millier d'hommes et de femmes dans les secteurs public et privé.

Enfin, membre de l'ONG HERMIONE Crisis & Rescue Negociators et instructeur du programme HERMIONE© Négocier sous haute intensité, il fait partie du réseau d'Expert : The Trusted Agency fondé par Laurent Combalbert, Négociateur de crise, ex-Négociateur du RAID, diplômé du FBI et conférencier international.

L'auteur intervient ainsi dans les entreprises à travers ses formations et ses conférences sur la prévention et la pacification de situations conflictuelles extrêmes, sur la gestion du stress et des émotions, sur la motivation et la confiance en soi.

BIBLIOGRAPHIE

ARNAUD Béatrice et MELLET Éric, *La boîte à outils de la psychologie positive au travail*, Dunod, 2019
BAZIN Philippe, *Les (vrais) secrets du leadership*, Inter Éditions, 2014
BERNE Éric, *Que dites-vous après avoir dit bonjour ?*, Éditions TCHOU, 1969
BOURRET Mireille, *La puissance de l'empathie, une solution aux problèmes relationnels*, Les éditions Québec-Livres, 2014
BRACONNIER Alain, *Optimiste, l'optimisme intelligent*, Odile Jacob, 2013
BRETON Philippe, *Argumenter en situation difficile*, La Découverte, 2004
CAUPENNE Christophe, *Négociateur au RAID*, Le Cherche-Midi, 2010
COMBALBERT Laurent, *Négociation de crise et communication d'influence*, ESF Éditeur, 2006
COMBALBERT Laurent et MERY Marwan, *Negociator*, Dunod, 2019
CYMES Michel, *Votre cerveau*, Stock, 2017
DEHAIL Francine et PARIOT Claude, *L'impact de la parole... avec la Programmation Neuro-Linguistique*, Éditions de la Bohême, 1996
DAUMAONT John Bastardi, *Les secrets d'un mentaliste*, Éditions de La Martinière, 2011
EKMAN Paul, *Je sais que vous mentez ! L'art de détecter ceux qui vous trompent*, Michel Lafon, 2010
KOHLRIESER George, *Négociations sensibles*, Pearson, 2009

LABIGNE Julien, *Astuces et manipulations mentales*, Éditions Alternatives, 2007

LAGRANGE Claude, *Comprendre et gérer les situations critiques en milieu pénitentiaire*, La formation d'idées, 2008

LIEBERMAN David J., *Lisez dans les pensées de vos interlocuteurs*, Zen Business, 2012

MARTIN Jean-Claude, *5 minutes... pour convaincre*, Leduc.S Éditions, 2009

MARTIN Jean-Claude, *La bible de la communication non verbale*, Leduc.S Éditions, 2010

MARSAN Christine, *Gérer et surmonter les conflits*, Dunod, 2010

MEUNIER Bernard, *Négociation de crise – De la scène de ménage à la prise d'otage*, Mission Spéciale Productions, 2005

NAVARRO Joe, *Ces gestes qui parlent à votre place*, Ixelles Éditions, 2010

NOYÉ Didier, *Gérer les conflits – De l'affrontement à la coopération*, Insep Consulting Éditions, 2009

OSBORNE Christina, *Résoudre les situations conflictuelles*, Mango Pratique, 2001

PAGET H. Jacques, *Le pouvoir de l'illusion*, Plon, 2005

PÉPIN Charles, *Les vertus de l'échec*, Allary Éditions, 2016

PÉPIN Charles, *La confiance en soi, une philosophie*, Allary Éditions, 2018

PERREAUT-PIERRE Édith, *Comprendre et pratiquer les Techniques d'Optimisation du Potentiel*, InterÉditions, 2012, 2016, 2019

PIA-COMELLA Jordi et SÉNARD Charles, *Coacher avec les Stoïciens*, De Boeck Supérieur, 2020

ÉDITIONS TTA

THE TRUSTED AGENCY
Laurent Combalbert
Stéphanie Furtos
Julie Riffault

DIRECTION ARTISTIQUE & CONCEPTION GRAPHIQUE
Pierre-Yann Lallaizon,
assisté de Thibaud Sicard
STUDIO RECTO VERSO

RELECTURE ET CORRECTION
Jean-Baptiste Chouvenc

ÉDITEUR
The Trusted Agency

IMPRESSION
KDP

CONTACT
The Trusted Agency | Campus de Sylvanie
Bois de Frémy 89350 Villeneuve-les-Genêts
campus@thetrustedagency.com

THETRUSTEDAGENCY.COM

HERMIONE

Printed in Great Britain
by Amazon

2c97179f-6441-4b0e-970d-0df7ded9aed0R01